PARTI SOCIALISTE
Section Française de l'Internationale Ouvrière

XXe CONGRÈS NATIONAL

3, 4, 5 et 6 Février 1923
LILLE

RAPPORTS

de la

Commission Administrative Permanente

ADOPTÉS DANS LES SÉANCES
DES 19 ET 26 DÉCEMBRE 1922

Rapport du Groupe Socialiste au Parlement

ADOPTÉ DANS LA SÉANCE
:: :: DU 19 DÉCEMBRE 1922 :: ::

PARIS
LIBRAIRIE POPULAIRE
12, Rue Feydeau, 12

1923

PARTI SOCIALISTE
(Section Française de l'Internationale Ouvrière)

XXe CONGRÈS NATIONAL

3, 4, 5 et 6 Février 1923
LILLE

RAPPORTS
de la
Commission Administrative Permanente
ADOPTÉS DANS LES SÉANCES
DES 19 ET 26 DÉCEMBRE 1922

Rapport du Groupe Socialiste au Parlement
ADOPTÉ DANS LA SÉANCE
:: :: DU 19 DÉCEMBRE 1922 :: ::

PARIS
LIBRAIRIE POPULAIRE
12, Rue Feydeau, 12

—

1923

RAPPORT MORAL

présenté par Paul FAURE, *Secrétaire général du Parti*

———

Je ne veux faire précéder que de quelques mots le rapport administratif, établi avec soin par Hubert Rouger, et que nos camarades trouveront plus loin.

Notre Parti jouit d'une santé physique et morale tout à fait excellente, qui lui permet d'envisager l'année qui vient avec une absolue tranquillité et une confiance inébranlable.

Dès après la scission, en présence des redoutables périls qui menaçaient l'organisation socialiste française, d'un geste à la fois spontané et réfléchi, tous les militants, venus de toutes les formations anciennes, avaient fait trêve à leurs discordes, à leurs querelles et fondé un bloc solide contre lequel devaient se briser successivement les attaques de nos adversaires.

Mais une double question se posait devant nous.

Le danger passé, saurions-nous maintenir cette unité morale, cette cohésion de nos forces, qui allaient nous permettre de traverser la crise avec le moindre dommage ?

D'autre part, affaiblies par la scission, déprimées par les brutales campagnes de calomnies et d'outrages que l'on sait, nos Fédérations retrouvèraient-elles assez d'équilibre et de foi pour reprendre la lutte nécessaire, la propagande active où se trempent les énergies et se développent nos progrès ?

L'année en cours a répondu, et, à cet égard, toute inquiétude doit être dissipée.

Il s'est réellement accompli quelque chose de nouveau, d'éminemment réconfortant et d'un enseignement sûr au sein de notre Parti.

Notre unité morale, d'accidentelle est devenue, il le paraît bien, permanente par la volonté, l'adhésion, la saine compréhension de tous.

Nous avons, dans les circonstances les plus périlleuses, chassé de nos rangs l'esprit de secte, le sourd travail des tendances « clichées », obstacles à tout travail fécond. Nous avons brisé les cloisons des groupes et sous-groupes où s'épuisaient tant d'énergies precieuses, où s'énervait la force militante qu'une espèce de déformation profession-nelle finissait par éloigner des réalités de la vie et du champ des vrais combats.

Un courant d'air pur a passé sur tout cela, nettoyant l'atmosphère, revivifiant le Parti, lui créant une âme neuve, j'écris le mot sans hésitation, développant dans nos groupes, dans nos sections une atmosphère de cordialité polie d'abord qui s'est vite prolongée chez beaucoup en une amitié véritable qui constitue, à l'heure actuelle, une solide armature morale dont il faut nous garder de sous-estimer l'importance.

D'autre part, notre force matérielle a admirablement résisté dans une période où s'effritaient les organisations prolétariennes et où se vidaient les sections communistes; nos effectifs ont conservé le chiffre de 50.000, ce qui, pour ne pas être un résultat extraordinaire, nous permet d'envisager de rapides progrès maintenant que la situation générale s'est améliorée.

Enfin, nous avons supporté avec succès la première grande épreuve électorale depuis la scission. La démonstration a été concluante. Elle le serait davantage aujourd'hui, elle le sera de plus en plus demain, car rien ne saurait arrêter la venue ou le retour des masses au vieux socialisme.

Nous voici à la veille de la grande bataille de 1924, qui doit amener le renouvellement de la Chambre des députés et, par conséquent, influer sur la politique extérieure et intérieure de la France.

. Préparons-nous à l'affronter de toutes nos forces, avec le souci et la conscience de nos responsabilités. Ayons la volonté ardente de grossir le nombre de nos élus et l'influence du socialisme, puisque de là peut naître une politique nouvelle pour la France, et aussi pour le monde dans la mesure où les pratiques et les desseins du Bloc National seront modifiés, abolis ou efficacement combattus.

Mais ce but ne peut être poursuivi que par un Parti

socialiste renforcé, uni, discipliné et sérieusement éduqué.

L'année 1923 est donc pour nous décisive. Toutes nos Fédérations doivent se mettre en campagne avec une activité accrue.

Le communisme, décomposé et discrédité, n'est plus un obstacle, sauf en quelques rares endroits où il s'effondrera aussi.

La politique entière du Bloc National, dans tous les domaines, n'a fait qu'aggraver la situation intérieure et extérieure.

Le mécontentement et les colères grondent un peu partout.

C'est vers nous que se tourneront les espérances populaires, si nous savons travailler avec la méthode, la discipline et le sérieux qui conviennent.

Nous allons apporter au Congrès de Lille des rapports complets et documentés, fixant la pensée de notre Parti sur tous les principaux problèmes actuels : réformes sociales, questions financières, situation économique, réorganisation de l'enseignement public, politique extérieure. Le Congrès les étudiera, les corrigera au besoin, et leur donnera l'adhésion et la signature de tous.

Il nous restera alors à les répandre, les faire connaître, les faire pénétrer dans tous les recoins de la France ouvrière et paysanne.

C'est autour de ce vaste programme, de cet ensemble d'idées où se résument la volonté réalisatrice, la puissance doctrinale, l'idéalisme généreux du socialisme, que nous allons mener l'âpre combat qui déjà se dessine.

Nous le ferons, avec, dans le cœur et dans l'esprit, le souvenir et l'enseignement de nos maîtres illustres, sûrs d'être les bons soldats de la classe ouvrière, les serviteurs dévoués et clairvoyants du prolétariat, dont la victoire seule sauvera la France, le monde et la civilisation.

PAUL FAURE.

RAPPORT ADMINISTRATIF

présenté par HUBERT ROUGER, *Secrétaire-adjoint du Parti*

———

Nous ne voulons pas ouvrir le rapport sur l'activité de la C. A. P., sans rendre, tout d'abord, un hommage ému à la mémoire de ceux que la mort brutale enleva au cours de 1922 à l'affection de tous les socialistes :

A Jules Guesde, l'apôtre à qui tant des nôtres doivent d'être socialistes ;

A Marcel et Georgette Sembat, qui donnèrent le meilleur d'eux-mêmes au socialisme et à la classe ouvrière ;

Au docteur Ferroul, initiateur du mouvement socialiste en Languedoc ; à Jean Martin, pionnier du socialisme en Alsace ; à Dominique Paoli et à Olivier Deguise, qui furent eux aussi de bons ouvriers de la révolution sociale.

I. — Constitution de la C. A. P.

La Commission administrative permanente, nommée par le Congrès de la Toussaint 1921, se constitua de la façon suivante :

Secrétaire général : PAUL FAURE ;

Secrétaire adjoint : HUBERT ROUGER ;

Trésorier : J.-L. GRANDVALLET.

COMMISSION DE PROPAGANDE. — *Secrétaire :* Klemczynski. *Membres :* Bracke, Compère-Morel, Hubert Rouger, J. Lebas, Jean Longuet, Maurice Maurin, A. Le Troquer, Léon Osmin, Pressemane, titulaires ; Delépine et Henry Prété, suppléants.

Commission des finances. — *Secrétaire* : Gaston Lévy. *Membres* : Goude, Grandvallet, Hubert Rouger, P. Mistral, titulaires ; V. Auriol, suppléant.

Commission des relations internationales. — *Secrétaire* : Paul Faure. *Membres* : Bracke, Jean Longuet, Paul Boncour, Pierre Renaudel, J.-B. Séverac, M. Sembat, titulaires ; Delépine, Grumbach, Zyromski, suppléants.

Commission des conflits. — *Secrétaire* : G. Mauranges. *Membres* : Grandvallet, Le Troquer, D. Paoli, titulaires ; E. Frot, suppléant.

Commission des archives. — *Secrétaire* : J.-B. Séverac. *Membres* : Maurice Maurin, B. Mayéras, E. Poisson, P. Renaudel, Marcel Sembat.

II. — Application des décisions du Congrès de Paris du 1ᵉʳ novembre 1291

Le Congrès vota la motion suivante sur la politique internationale :

Le Congrès, prenant acte des déclarations solennelles des représentants des Partis socialistes d'Allemagne, d'Angleterre, de Suisse, de Belgique, de Hollande, de Suède, de Pologne, d'Espagne, de Tchéco-Slovaquie et de Géorgie, et se félicitant de la concordance de vues qui s'est manifestée sur la nécessité de regrouper les forces prolétariennes du monde entier, invite le Bureau de l'Union internationale des Partis socialistes de Vienne à se mettre en rapports avec le Labour Party anglais pour examiner avec lui dans quelles conditions un appel pourrait être adressé aux partis appartenant aux différentes organisations politiques internationales du Prolétariat (Vienne, Londres et Moscou) et aux partis actuellement en dehors de toute organisation internationale pour la constitution d'un *Comité d'Action Internationale*.

Ce Comité d'action aurait la charge de préparer la communauté de front du prolétariat dans tous les cas où des conflits politiques ou économiques, des dangers de guerre issus du désordre capitaliste national et international et des courants impérialistes exigeraient une action rapide et commune.

Le Parti Socialiste, en faisant cette proposition, a conscience de rester fidèle à la décision du Congrès de Strasbourg qui lui a donné mission de poursuivre la reconstruction de l'Internationale sur la base des principes socialistes marxistes.

Le Congrès invite le Bureau de Vienne à examiner, en accord avec les autres organisations internationales, la possibilité de créer un service d'informations internationales considéré comme l'une des conditions d'une action efficace.

Le Congrès invite les groupes parlementaires des Partis socialistes de l'Union de Vienne à constituer un Comité interparlementaire pour l'échange des documents et des projets de loi et pour la préparation en commun de projets de loi qui pourraient être déposés simultanément dans les différents Parlements.

*
* *

Dès le 8 novembre, la C. A. P., conformément à cette décision, délibérait sur sa mise en exécution. Elle transmettait la résolution à l'Union des Partis socialistes de Vienne et confiait à la sous-commission des Relations internationales le soin de rédiger un rapport à la C. A. P. sur la question.

Elle consacrait plusieurs séances à l'examen du rapport; enregistrait, le 13 décembre, l'adhésion de principe du Parti socialiste italien, celle de l'Indépendant Labour Party et celle du Parti ouvrier belge.

En même temps le Labour Party lui faisait connaître les mêmes préoccupations de rapprochement international.

La C. A. P. décidait, le 29 novembre, de prendre l'initiative d'une Conférence à laquelle seraient conviés : Pour l'*Angleterre,* le Labour Party et l'Independant Labour Party; pour la *Belgique,* le Parti ouvrier belge; pour l'*Allemagne,* le Parti socialiste indépendant, la Social democratie, le Parti communiste; pour l'*Italie,* le Parti socialiste italien, le Parti communiste; pour la *France,* le Parti communiste (S. F. I. C.) et le Parti socialiste (S. F. I. O.).

Cette Conférence fut convoquée, après pourparlers avec l'Union de Vienne, le Labour Party et le Parti ouvrier belge, pour le samedi 4 février à Paris, avec l'ordre du jour suivant :

Les armements sur terre et sur mer;
Les réparations et la situation financière internationale.

Le Parti communiste d'Allemagne ne répondit pas à la convocation ; le citoyen Grazeïdi, secrétaire du Parti communiste italien, demanda le renvoi de la Conférence et son organisation s'abstint d'y participer ; le citoyen L.-O. Frossard, secrétaire du Parti communiste français, adressa une lettre le 3 février par laquelle le Comité directeur déclinait l'invitation qui lui avait été adressée.

La Conférence reçut un télégramme d'adhésion du Parti communiste indépendant d'Allemagne (fraction Paul Lévi, Daumig, Friesland).

Le Parti ouvrier belge, l'Independant Labour Party, le Labour Party, le Parti socialiste (S. F. I. O.) furent seuls représentés, ainsi que le Bureau international de l'Union de Vienne par Fritz Adler.

La grève des Cheminots d'Allemagne empêcha les délégations de la Social démocratie et du Parti socialiste indépendant d'arriver à Paris.

La Conférence fut saisie de textes pouvant servir de base à la discussion, textes rédigés par la délégation française et qui furent soumis à l'étude des deux Commissions.

La Conférence décida de s'ajourner à une nouvelle session à Francfort ; elle en informa les organisations socialistes allemandes et invita le Parti socialiste (S. F. I. O.) à convoquer à nouveau les délégations des Partis des pays intéressés : Angleterre, Allemagne, Belgique, Italie, France.

La Conférence de Paris procéda à un échange de vues sur le problème général de l'unification des forces prolétariennes internationales et suggéra l'idée de négociations entre les Comités exécutifs de la deuxième Internationale et de l'Union de Vienne en vue du rapprochement général envisagé par la décision du Congrès de Paris.

La deuxième session de la Conférence des cinq pays se tint à Francfort les 25 et 26 février.

Y prirent part : Parti ouvrier belge, de Belgique ; Labour Party, Trade-Unions, Independant Labour Party, d'Angleterre ; Social démocratie, Parti socialiste indépendant, Parti communiste indépendant, d'Allemagne ; Parti socialiste (S. F. I.-O.).

Des représentants de l'Autriche, Danemark, Russie, Suisse, Hollande, étaient également présents.

La Conférence aboutit au vote des deux textes suivants :

Sur les Réparations

A la veille de la Conférence de Gênes, les délégués des Partis socialistes et ouvriers d'Allemagne, de Belgique, de France, de Grande-Bretagne et d'Italie, constatent la faillite manifeste de la politique de contrainte et de violence qui a empêché jusqu'ici la reconstitution économique du monde.

Convaincus que le socialisme, par l'harmonie pacifique des peuples et la souveraineté universelle du travail, peut seul remédier pleinement aux difficultés créées par les rivalités et l'anarchie capitalistes;

Mais convaincus également qu'une solution, même partielle et provisoire, ne peut être recherchée que dans des moyens économiques fondés sur la solidarité internationale, et que la question de la capacité de paiement de l'Allemagne est inséparable de la reconstitution de la vie économique du monde et spécialement de la Russie, que dans ces conditions la discussion de l'ensemble de ces problèmes à la Conférence de Gênes s'impose,

Ils adoptent d'un accord unanime les résolutions suivantes:

La restauration des régions dévastées, spécialement en Belgique et en France, doit être assumée par l'Allemagne dans la pleine mesure de sa capacité.

Les organisations syndicales et socialistes d'Allemagne ont, aux conférences d'Amsterdam, du 1er avril 1921, proclamé à nouveau la nécessité de ces réparations et pris l'engagement d'y coopérer de toute leur énergie et par tous les moyens.

Mais l'épreuve des faits a, dès à présent, mis à néant le système conçu par le traité de Versailles pour assurer l'œuvre de réparation;

L'exportation de l'Allemagne ne s'est pas développée au point de lui fournir des moyens de paiement en or;

Le change allemand s'est effondré au point de rendre extrêmement difficile l'achat de devises à l'étranger;

La capacité d'achat du monde s'est raréfiée au point que l'exportation de l'Allemagne, insuffisante pour lui procurer les moyens d'assurer les paiements qui lui étaient imposés, a cependant généralisé les crises de chômage dans les autres pays industriels.

Sur tous ces points d'ailleurs une part de responsabilité est imputable à la faiblesse du gouvernement allemand vis-à-vis de sa bourgeoisie.

Le problème est donc:

D'une part, d'affranchir la France et la Belgique de la charge qui, en fait, pèse actuellement sur elles;

D'autre part, de mettre l'Allemagne en état de réparer sans devoir recourir à des opérations qui écrasent son change et augmentent encore la prime d'exportation prélevée pour la plus large part sur le salaire de ses travailleurs, et qui aboutiraient à la misère croissante de son prolétariat.

La solution de ce problème n'est possible que par des mesures de caractère international déjà prévues dans leurs détails par les conférences socialistes et syndicales d'Amsterdam.

Elles poursuivent le double but de restaurer rapidement les territoires détruits en soulageant la France et la Belgique du poids des avances d'argent indispensables, ou des dépenses déjà faites, et de faciliter l'assainissement financier de l'Allemagne par l'octroi des délais et facilités de paiement nécessaires.

Ces mesures seraient :

1° L'adoption du système des réparations en nature et en travail dans la mesure où il est possible d'y avoir recours ;

2° La création par tous les Etats intéressés d'un organisme international de reconstruction des régions dévastées, en vue d'adapter aux besoins de celles-ci les ressources des divers pays en matériaux et en main-d'œuvre ;

3° L'annulation et la reprise internationale des charges qui ont été imposées à l'Allemagne du chef des pensions militaires, contrairement aux quatorze points du président Wilson, réciproquement acceptés comme base de l'armistice ;

4° L'annulation générale des dettes interalliées issues de la guerre ;

5° L'avance aux pays actuellement incapables d'acheter et de produire (Russie, Autriche, etc.), des denrées, machines et moyens de transport, qui leur sont indispensables pour lutter contre la famine et reconstituer leur industrie ;

6° La création d'un organisme international de reconstruction et de crédit, en vue, notamment :

a) D'assurer immédiatement aux pays dévastés les sommes qui leur sont indispensables pour leur restauration ;

b) De venir en aide aux pays ravagés par la famine et incapables de rentrer, sans des secours du dehors dans la communauté économique internationale ;

c) D'internationaliser, dans la mesure du possible, le paiement des pensions à toutes les victimes de la guerre ;

7° Soumission à l'arbitrage des différends auxquels l'exécution de ce plan peut donner lieu.

Pour réaliser l'œuvre de reconstruction de l'Europe, à laquelle se lient indissolublement les réparations, le monde — ainsi que le constatèrent à l'unanimité les délégués des 39 pays réunis à la Conférence financière de Bruxelles — doit mettre fin aux rivalités et aux sentiments d'animosité qui sont la suite inévitable de la guerre mondiale.

C'est, en première ligne, aux Partis socialistes et ouvriers qu'il incombe de réagir contre ces états d'esprit, de dénoncer les tentatives capitalistes de mainmise sur les pays ruinés par la guerre, et de mettre toutes leurs forces en œuvre pour y faire échec.

En attendant la Conférence générale dont ils espèrent et saluent la réunion prochaine, les partis représentés à Francfort sont résolus à faire tout ce qui dépendra d'eux pour opposer à la politique de contrainte et de violence une politique d'entr'aide et de solidarité des peuples.

Sur les Armements

La politique du recours à la force est condamnée dans son principe et dans les faits.

La politique d'entr'aide internationale, nécessaire à la restauration économique du monde, et la mise en œuvre du système de reconstruction par la solidarité des efforts de tous, impliquent la levée immédiate des sanctions militaires prises lors de l'ultimatum de Londres et la cessation des occupations militaires qui peuvent entraîner des occupations nouvelles, blessent le sentiment des occupés, absorbent les sommes rassemblées par l'Allemagne pour les réparations des pays dévastés, ruinent les occupants eux-mêmes, et, entretenant l'esprit de haine, risquent de faire naître des conflits nouveaux.

Le problème du désarmement général, qui a été toujours poursuivi par toutes les classes ouvrières, est du ressort d'une Conférence générale de tous les partis socialistes du monde. Mais la présente Conférence déclare que le devoir le plus urgent est, comme étape vers le désarmement total, de réduire, immédiatement et partout, de façon efficace, les dépenses militaires et les armements sur terre, sur mer et dans les airs.

Par voie de conséquence :

D'une part, la classe ouvrière allemande continuera son effort pour exercer, par les organisations syndicales, un contrôle vigilant sur le désarmement de la force armée allemande, en hommes et en matériel, afin d'empêcher toute fabrication et toute dissimulation, et de maintenir ainsi ce désarmement.

D'autre part, les Partis ouvriers socialistes d'Angleterre, de

Belgique, de France et d'Italie, par leurs représentants, déposeront dans les Parlements, des projets de loi précis, impliquant les réductions d'armement. Ils appelleront la classe ouvrière à les appuyer de toutes ses forces et moyens, pour cette lutte contre les armements.

La politique des armements particuliers à chaque pays, et aussi la politique des alliances qui aboutit souvent en fait à créer des hégémonies de groupes d'Etats, doivent être remplacées par l'Entente Internationale qui a pour buts le désarmement terrestre et maritime et la garantie de la paix entre les peuples.

Il faut réaliser l'Arbitrage international et l'établissement d'une véritable Société des Nations souveraine, qui soit leur émanation et non celle des gouvernements, et qui ait mandat de liquider tous les conflits entre les peuples, en même temps que d'assurer et de protéger le libre trafic économique entre les nations sur terre et sur mer.

L'Entente Internationale sera réalisée d'une façon durable et sûre par la solidarité des ouvriers de tous les pays. La Conférence affirme sa pleine solidarité avec les décisions des conférences des Fédérations internationales des Métallurgistes, des Mineurs et des Transports, et de l'Internationale des syndicats, se déclarant prêtes à répondre par la grève générale à toute nouvelle guerre.

*
* *

De leur côté les deux Exécutifs de Vienne et Londres, réunis à Francfort, examinaient dans quelles conditions pourraient se réunir et délibérer les trois Exécutifs: Londres, Vienne, Moscou, en conformité avec l'appel adressé, au milieu de janvier 1922, par l'Union des Partis socialistes de Vienne.

Dans sa séance du 14 mars, la C. A. P. approuvait les résolutions de Francfort et acquiesçait à la convocation, par F. Adler, d'une réunion commune des trois Exécutifs à Berlin, qui eut lieu les 2, 3, 4 et 5 avril.

Le rapport des délégués au Bureau international donnera de plus amples détails, rappelons ici seulement le texte voté à Berlin et la nomination du Comité des Neuf.

La Conférence des trois Exécutifs de Londres, de Moscou et de Vienne est unanime à constater que, si désirable que soit l'unification de l'organisation de classe du prolétariat, il ne saurait être question, dans le moment actuel, que de délibérations en commun, en vue d'actions communes, pour des buts concrets, de toutes les tendances représentées à la Conférence.

Elle propose en conséquence que les Exécutifs donnent leur assentiment à la constitution d'un Comité organisateur de neuf membres, ayant pour mandat d'organiser la préparation de nouvelles conférences des trois Exécutifs ainsi que des conférences élargies où seront invités des partis n'appartenant à aucune des trois organisations internationales. Chaque Exécutif reste libre de désigner à sa volonté les personnes chargées de le représenter pour les trois mandats à lui attribués. Dans ce Comité organisateur, aucune décision ne peut être prise à la majorité ; il a mission d'exprimer les points de vue communs des trois Exécutifs dans la mesure où ils se présentent au moment donné.

Pour l'Unité syndicale

La Conférence estime utile que le Comité d'organisation à créer entreprenne la tentative d'amener des pourparlers sans engagement entre les représentants de la Fédération internationale des Syndicats (I. G. B. d'Amsterdam) et ceux de l'Internationale syndicale rouge, afin d'examiner par quels moyens peuvent être assurés le rétablissement et le maintien de l'unité de front syndicale, tant nationalement qu'internationalement.

La question des social-révolutionnaires russes et de la Géorgie

Elle prend acte de la déclaration faite par les représentants de l'Internationale communiste que les 47 social-révolutionnaires pourront, dans le procès qui leur est fait, avoir tous les défenseurs qu'ils désireront, que, dans ce procès, comme la presse soviétique l'a constaté avant la Conférence, la menace de condamnations à mort est exclue et que, les débats en étant publics, il s'ensuit que des représentants des trois Exécutifs pourront y assister comme auditeurs et qu'ils seront à même de communiquer, pour information à leurs partis adhérents, des comptes rendus sténographiques.

La Conférence constate que chacun des trois Exécutifs se déclare prêt à recevoir et à soumettre à un examen les documents envisagés par les diverses tendances sur la question de la Géorgie. Elle charge le Comité d'organisation de réunir les conclusions finales de cet examen et d'en faire rapport à une conférence ultérieure des trois Exécutifs.

La Conférence générale

La Conférence constate que les représentants de la IIe Internationale ont fait la déclaration qu'ils ne considèrent pas comme possible l'organisation d'une conférence générale dans le courant du mois d'avril, par conséquent pendant la tenue de la Conférence de Gênes.

La Conférence est d'ailleurs unanime, en principe, sur la nécessité de la convocation la plus rapide possible d'une conférence générale. Les Exécutifs ont mission d'informer leurs partis adhérents des progrès qu'a fait l'idée de la Conférence générale dans les délibérations de Berlin et donneront pleins pouvoirs à leurs représentants au Comité organisateur pour mener à un résultat définitif les délibérations sur la convocation d'une Conférence générale.

Pour l'Unité d'action du prolétariat

L'organisation de la Conférence générale au cours de ce mois étant impossible à cause des faits indiqués plus haut, la présente Conférence

Déclare que c'est un devoir indispensable en face de l'offensive du capitalisme impérialiste international, de manifester immédiatement, dans une action internationale de masses, la volonté unie du prolétariat international conscient. La Conférence invite, en conséquence, les travailleurs de tous les pays à organiser pendant la Conférence de Gênes, le 20 avril, et, dans le cas d'impossibilités matérielles, le 1er mai, de puissantes démonstrations de masses avec le maximum d'unité possible, lesquelles manifesteront:

Pour la journée de huit heures;

Pour combattre le chômage infiniment accru par la politique des réparations des puissances capitalistes;

Pour l'unité d'action du prolétariat contre l'offensive capitaliste;

Pour la Révolution russe, pour la Russie affamée, pour la reprise des relations politiques et économiques de tous les Etats avec la Russie des Soviets;

Pour la reconstitution du front unique du prolétariat dans chaque pays et dans l'Internationale.

Ont signé :

Clara Zetkin, Radek, L.-O. Frossard, Otto Wels, Vandervelde, Macdonald, Frédéric Adler, Bracke, Crispien.

*
* *

C'est dans le même esprit que celui du Congrès de Paris que le Parti socialiste se faisait représenter par Bracke et Jean Longuet à la Conférence internationale d'Amsterdam les 18-20 juillet, où se trouvèrent réunis, sur convocation de la Fédération syndicale internationale, les délégués des Internationales d'Amsterdam, Londres, Vienne et où furent étudiées les mesures à prendre par la classe ouvrière internationale pour la défense de la République allemande, comme il décidait de répondre à l'appel de la Fédération internationale syndicale d'Amsterdam convoquant pour les premiers jours de décembre 1922, à La Haye, le Congrès international de la Paix où Bracke, Blum, Grumbach, Moutet, E. Poisson, P. Renaudel, représentèrent la S.F.I.O.

*
* *

Le Congrès national avait voté sur la politique nationale la résolution suivante :

Réuni pour la première fois depuis Tours, le Parti proclame son inébranlable fidélité aux principes et à la tactique traditionnelle du socialisme international, tels qu'ils ont été définis par la résolution d'Amsterdam, le Pacte d'Unité et la motion de Toulouse.

Il tient à placer la présente résolution sous l'invocation de cette motion de Toulouse, rédigée par Jaurès, et adoptée à l'unanimité par le Congrès de 1908.

« Le Parti socialiste, parti de la classe ouvrière et de la Révolution sociale, poursuit la conquête du pouvoir politique pour l'émancipation des prolétaires par la destruction du régime capitaliste et la suppression des classes.

« Il rappelle sans cesse au Prolétariat, par sa propagande, qu'il ne trouvera le salut et l'entière libération que dans le régime collectiviste ou communiste ; il porte cette propagande dans tous les milieux pour susciter partout l'esprit de revendication et de combat. Il amène la classe ouvrière à un effort quotidien, à une action continue pour améliorer ses conditions de vie, de travail et de lutte, pour conquérir des garanties nouvelles, de nouveaux moyens d'action.

« Précisément parce qu'il est un parti de révolution, précisément parce qu'il n'est pas arrêté dans sa revendication incessante par le droit, périmé à ses yeux, de la propriété capitaliste et bourgeoise, il est le parti le plus essentiellement, le plus

activement réformateur, le seul qui puisse donner à chacune
des revendications ouvrières un plein effet, le seul qui puisse
faire toujours de chaque réforme, de chaque conquête le point
de départ et le point d'appui de revendications plus étendues
et de conquêtes plus hardies; et quand il signale à la classe
ouvrière, avec l'utilité, la nécessité, la bienfaisance de chaque
réforme, les limites aussi que lui impose le milieu capitaliste
même, ce n'est pas pour la détourner de l'effort immédiat de
réalisation, c'est pour l'amener à conquérir des réformes nouvelles et pour lui rendre toujours présente et sensible, jusque
dans l'effort incessant d'amélioration, la nécessité de la réforme
totale, de la transformation décisive de la propriété.

« Cette transformation est préparée par le mouvement même
des forces productives.

« L'évolution du mode de production capitaliste, son extension à toutes les parties du monde, l'accumulation et la concen-
tration des capitaux, les progrès de l'outillage et de la technique
mettant à la disposition de l'humanité des forces de production
capables de pourvoir largement à tous ses besoins, rendent possible l'émancipation de la classe salariée par la reprise de tous
les moyens de production et d'échange qu'elle met en œuvre
actuellement pour le profit d'une petite minorité d'individus,
et qui seront alors collectivement appliqués à la satisfaction des
besoins de la collectivité.

« Parallèlement à ce mouvement des forces productives, doit
se développer un immense effort d'éducation et d'organisation
du prolétariat.

« C'est dans cet esprit que le Parti socialiste reconnaît l'importance essentielle de la création et du développement des organismes ouvriers de lutte et d'organisation collective (syndicats,
coopératives, etc.), éléments nécessaires à la transformation
sociale.

« Pour ces combats, pour ces conquêtes, le Parti socialiste
emploie tous les moyens d'action, en en réglant l'usage par la
volonté réfléchie d'un prolétariat fortement organisé.

« Le prolétariat progresse et se libère par son effort direct,
par son action directe, collective et organisée sur le patronat et
les pouvoirs publics et cette action directe va jusqu'à la grève
générale employée à la défense des libertés ouvrières menacées,
à de grandes revendications ouvrières et à tout effort d'ensemble
du prolétariat organisé en vue de l'expropriation capitaliste.

« Comme toutes les classes exploitées au long de l'histoire,
le prolétariat affirme son droit de suprême recours à la force
insurrectionnelle; mais il ne confond pas avec ces vastes mouve-
ments collectifs qui ne peuvent surgir que de l'émotion générale
et profonde du prolétariat, des escarmouches où les travailleurs

se jetteraient à l'aventure contre toutes les forces de l'Etat bourgeois.

« Il s'applique d'un effort délibéré, constant, à la conquête du pouvoir politique, il oppose à tous les partis de la bourgeoisie, à leurs programmes ou rétrogrades, ou vagues, ou fragmentaires, la pleine affirmation collectiviste ou communiste et l'effort incessant de libération du prolétariat organisé, et il considère comme un devoir essentiel de ses militants de travailler par l'action électorale, à accroître la puissance parlementaire et législative du socialisme. »

A l'heure où le capitalisme national et international, se croyant le vainqueur véritable de la guerre, fortifié par elle dans son emprise sur les hommes, les choses et les gouvernements, montre partout une arrogance accrue, et tente même de reprendre aux travailleurs les quelques avantages dont on avait cru payer leurs sacrifices, le Parti affirme avec plus de force que jamais son double caractère d'idéalisme révolutionnaire et de réalisation positive. En attendant la transformation totale, qui est son but, mais dont l'instant ne peut être que rapproché par son effort, et sur l'imminence de laquelle il se refuse à duper le prolétariat, il poursuivra son travail méthodique, pour améliorer la condition matérielle, morale et intellectuelle des travailleurs. Il usera de tous les moyens de propagande et de combat dont il dispose pour la défense et l'extension des libertés ouvrières. Il n'épargnera aucun effort pour assurer au prolétariat un pouvoir croissant de contrôle sur la production et sur la distribution des richesses créées par son travail.

A l'heure où la réaction, dont toutes les formes sont solidaires et se ramènent finalement au conservatisme social, redouble audacieusement ses entreprises contre des conquêtes acquises par tant de sacrifices et de sang, le Congrès déclare que le socialisme, seul capable de réaliser la démocratie complète et la République véritable, considère les libertés politiques non seulement comme son bien propre, mais comme toutes les attaques, brutales ou hypocrites, au même titre et du même cœur que les libertés ouvrières.

A l'heure où les bouleversements de la guerre ont fait apparaître et aggravé sans mesure le désordre foncier de la société capitaliste, où la discordance entre la production et la consommation, entre le taux des salaires et le cours des denrées, menace de plus en plus dangereusement la vie des travailleurs, où le chômage s'étend parmi les ouvriers de l'industrie, où les répercussions du déséquilibre économique menacent le prolétariat et la petite propriété agricole, le Congrès rappelle que toutes les mesures provisoires qui pourront pallier partiellement à des difficultés insolubles, devront s'inspirer nécessairement des principes ou des méthodes d'organisation socialistes. Il rappelle d'ailleurs que l'application d'aucune de ces mesures ne pourrait être seulement tentée en dehors de la politique de paix et de coopération entre les peuples, qui est la sienne, et qu'il entend faire triompher — comme il l'a déjà fait en quelque mesure.

A l'heure où le trouble moral, né de la guerre, n'est ni moins étendu ni moins grave que les destructions matérielles, le Congrès tient à faire ressortir et rappelle à tous les militants que le socialisme n'entend pas seulement satisfaire aux droits positifs et aux besoins matériels des hommes, qu'il ne représente pas seulement une nécessité de l'Histoire, mais une exigence impérieuse de la raison, que seul il peut fournir leur aliment aux instincts de fraternité inscrits dans le cœur de tous les hommes, au besoin de justice et d'égalité développés par cette grande Révolution française, dont il se porte comme le seul continuateur authentique et le seul héritier légitime.

C'est en travaillant dans cette voie, c'est en développant, par un effort continu, le recrutement, l'organisation et l'éducation politique de la classe ouvrière, c'est en rattachant sans cesse son travail quotidien de propagande ou de réforme à son but final, c'est en s'inspirant de sa doctrine essentielle pour toutes les actions positives que les nécessités mêmes de son existence lui imposent, que le socialisme remplira la mission historique qui lui est glorieusement dévolue : la suppression de toutes les classes et l'émancipation définitive des travailleurs.

Programme d'action positive

Le Congrès donne mandat à la C. A. P. de préparer dès à présent la campagne d'agitation et de propagande par laquelle le Parti saisira l'opinion publique et fera appel aux masses ouvrières et paysannes en vue de la consultation électorale de 1924.

Il décide que sa plate-forme d'action positive comprendra au premier chef :

1° Un programme de socialisation et de nationalisation industrialisées, avec application de conseils d'exploitation et du contrôle ouvrier et paysan, portant sur les grandes entreprises, dont dépend essentiellement le travail industriel et agricole ;

2° Une réforme fiscale faisant supporter le maximum de charges par la fortune acquise et les gros revenus ;

3° L'établissement d'un service militaire à court terme, inspiré des doctrines de l'*Armée nouvelle* de Jaurès, et adaptable au désarmement progressif, général et simultané ;

4° Un vaste plan d'instruction unique, d'enseignement technique et scientifique, fondé sur la gratuité et la sélection à tous les degrés ;

5° Des mesures destinées à faire de notre Constitution désuète une Constitution moderne de gouvernement du peuple par le peuple, où les droits de gestion et d'administration des travailleurs seront reconnus par l'institution de conseils économiques, national et régionaux, tels qu'ils ont été définis par la Confédération Générale du Travail.

*
* *

La C. A. P., au besoin avec le concours de commissions techniques, constituées par elle, en accord avec les organisations ouvrières, devra mettre dans le plus bref délai, à la disposition des militants, tous les éléments d'information et de discussion nécessaires pour cette propagande.

Tactique électorale

Les règles d'action pour la tactique électorale du Parti demeurent valables jusqu'à ce qu'un Congrès, ayant eu à examiner des circonstances nouvelles, en ait autrement décidé.

En conséquence,

Le Congrès signale aux Fédérations le devoir de participer, par la présentation de candidats du Parti, à toutes les luttes électorales, quel qu'en soit le cadre : législatives, cantonales ou municipales.

Il rappelle que, dans les élections comportant deux tours de scrutin, les voix socialistes doivent se compter au premier tour sur le programme socialiste ; qu'au second tour, les Fédérations doivent prendre l'attitude qui assurera le mieux la défaite de la réaction, aujourd'hui symbolisée par le Bloc national.

Il donne mandat au Groupe parlementaire d'user de tous les moyens dont il dispose pour assurer, avant les élections, le vote de la véritable R. P., juste et loyale — à la C. A. P. de préparer et de soutenir les efforts du Groupe parlementaire par une campagne de propagande et d'agitation, entamée dès à présent dans le pays.

Sur les Assurances sociales

Le Congrès, saisi du projet d'assurances sociales déposé par le gouvernement, rappelle que le P. S. et les organisations ouvrières ont toujours réclamé, depuis leur origine, et notamment par la voix du vieux militant Edouard Vaillant, que les travailleurs soient protégés contre tous les risques sociaux.

Il constate que le projet, sans donner pleine satisfaction à cette revendication, constitue néanmoins une réalisation partielle des vœux formulés par les travailleurs.

Le Congrès tient à déclarer que la réforme proposée n'a pas un caractère socialiste, puisqu'elle exige des assurés une lourde contribution qui devrait être justement à la charge de l'Etat, représentant de la collectivité.

Mais, considérant les avantages immédiats et sérieux que l'ensemble des bénéficiaires retireront du projet devenu loi, il décide qu'il y a lieu de donner mandat à ses élus au Parlement d'en accepter les principes.

Il leur demande toutefois d'en poursuivre l'amélioration, notamment en ce qui concerne l'exonération des petits salaires, la dispense des versements en cas de chômage forcé, l'extension des bénéfices de la loi aux vieillards âgés de soixante ans et plus, la proportion des représentants des ouvriers dans les organismes de gestion, l'emploi des fonds à des œuvres d'utilité publique et sociale, etc.

Il regrette que le projet ne couvre pas le risque de chômage, et demande à sa représentation parlementaire d'intervenir dans le but de combler cette grave lacune le plus tôt possible. De même, il déplore que nulle disposition ne soit prévue de nature à améliorer la loi garantissant l'ouvrier contre le risque accident du travail.

Le Congrès, considérant d'autre part que le projet d'assurances touche à une revendication essentiellement ouvrière, charge la C. A. P. et le Groupe socialiste au Parlement d'entrer en relations avec la C. G. T.

Dès maintenant, il invite les fédérations, les sections et les militants du Parti à organiser une campagne de propagande sur la question des assurances sociales et de vulgarisation du projet. Il faut que la classe ouvrière des villes et des campagnes réclame avec une telle force la réalisation de cette réforme que toutes résistances réactionnaires et capitalistes soient vaincues.

Dans sa séance du 8 novembre, la C. A. P. avait nommé six Commissions pour étudier les questions portées au programme d'action : *les socialisations, la réforme fiscale, les questions militaires, l'enseignement, la représentation proportionnelle, la Constitution.*

Ces Commissions, sur l'initiative de la C. A. P., confièrent les rapports à :

Auriol et Blum : *Réorganisation financière;*
Bracke et Blum : *L'Enseignement;*
Gaston Lévy : *Les Socialisations;*
Lebas : *Assurances sociales et questions ouvrières;*
Paul Boncour et Zyromski : *Questions militaires.*
Pierre Renaudel : *La Constitution.*

Sur la question militaire la C. A. P. adopta un rapport de Zyromski qui, transmis au Groupe parlementaire, se traduisit par le dépôt du contre-projet Paul-Boncour avec la signature collective du Groupe.

Ces rapports seront imprimés en numéros spéciaux du *Socialiste* et mis à la disposition des Fédérations et des Groupes à prix réduits.

* * *

Les diverses motions : Goujon, Fédérations d'Alsace, renvoyées par le Congrès à la C. A. P., furent transmises au groupe socialiste au Parlement pour études et suites à donner.

* * *

La question des relations des municipalités socialistes avec le pouvoir bourgeois, étudiée par la Commission d'action municipale composée de : Hubert Rouger, rapporteur; Grumbach, Lebas, Le Troquer, Mayéras, Mistral, Ramadier et Vendrin, a abouti au texte suivant soumis aux délibération du Congrès :

Les élus parlementaires, cantonaux et municipaux, doivent s'abstenir de participer aux manifestations revêtant un caractère politique gouvernemental, organisées par des groupements économiques dont les intérêts sont opposés à l'intérêt de classe du prolétariat.

En ce qui concerne les cérémonies locales, où l'abstention des élus ne pourrait être interprétée que comme un renoncement aux obligations de leur charge, le Congrès décide :

Que chaque fois qu'une administration municipale doit saisir le Conseil d'une question susceptible d'agir sur l'opinion publique, elle doit délibérer au préalable avec les élus du Parti et la Commission administrative de la section locale réunis en assemblée mixte.

En cas de désaccord, le Conseil fédéral doit être saisi.

Lorsque en plein accord avec la section locale et au besoin

avec le Conseil fédéral, les élus participent à des cérémonies publiques, ils doivent leur soumettre les discours qu'ils ont à prononcer.

III. — Le *Populaire* et le Congrès extraordinaire

Le Parti tint un Congrès extraordinaire, les 3 et 4 juin, à Paris, consacré à la situation du *Populaire*. Il vota les deux résolutions suivantes :

Pour les 15.000 abonnés

Le Congrès,

Considérant que l'admirable geste de solidarité fait à deux reprises différentes en faveur du *Populaire*, par nos amis belges, et les secours qui, d'un autre côté, nous ont apportés nos camarades suédois, danois et hollandais, et dont nous sommes heureux de les remercier publiquement, imposent d'impérieux devoirs aux membres de la Section française de l'International Ouvrière ;

Considérant qu'un Parti qui compte 50.000 adhérents, 55 sénateurs et députés, des milliers de municipalités, de conseillers municipaux, de conseillers généraux et d'arrondissement, et un corps électoral de près de 1 million de citoyens, n'a pas le droit de se désintéresser d'un journal au point de le laisser continuer à faire appel à la solidarité socialiste internationale ;

Considérant qu'il est matériellement impossible de recruter, organiser, éduquer le monde du travail et préparer la prise du pouvoir politique en vue de fins révolutionnaires sans un organe central puissant, répandu et digne des grandes idées qu'il défend et des réalisations supérieures qu'il poursuit ;

Considérant que le Parti doit profiter de ce que l'équilibre budgétaire du *Populaire* est à peu près assuré pendant quelques mois grâce aux camarades de l'étranger, pour faire l'effort d'abonnements sollicité par l'Administration du journal. qui vient de donner l'exemple de la foi en la vie du *Populaire*, et de prendre les mesures intérieures énergiques susceptibles de donner confiance aux militants désormais assurés du succès ;

Considérant qu'il serait aussi inadmissible que contraire à toutes les règles de l'honneur de vivre sur les capitaux mis si généreusement à notre disposition, sans se préoccuper de trouver immédiatement des ressources régulières nouvelles et permanentes dans le Parti et par le Parti ;

Considérant enfin que, par trois réorganisations successives, les frais d'administration, de direction et de rédaction du *Populaire* ont été réduits au strict minimum ;

Le Congrès décide que toutes les fédérations du Parti — exception faite de celles des départements où il existe un quotidien socialiste — devront obligatoirement, et dans un délai de trois mois, assurer au *Populaire* un minimum d'abonnés proportionnel au nombre de cartes qu'elles ont prises à raison d'*un* abonné par *trois* adhérents ;

Il décide que, pendant les trois mois qui viennent, les délégués permanents du Parti séront mis à la disposition des fédérations ayant le plus grand nombre de cartes et se consacreront exclusivement au recrutement des abonnés nécessaires ;

Il décide que, dans chaque fédération, tous les élus du Parti se tiendront à la disposition du secrétaire fédéral pour l'organisation de cette campagne ;

Il décide que, dans les fédérations possédant un quotidien, les sections seront obligatoirement abonnnées à l'organe central du Parti. De plus, les journaux socialistes devront faire un effort sérieux en faveur des « *Amis constants du Populaire* » ;

Il invite enfin les administrations des hebdomadaires fédéraux à se mettre en rapport avec le *Populaire* pour la création d'éditions départementales.

Sur le fonctionnement du « Populaire »

« Le Congrès extraordinaire approuve la décision du Conseil d'administration et de direction du *Populaire* et passe à l'ordre du jour. »

Décision du Conseil d'administration

Certains camarades ayant l'intention de soulever une discussion sur la politique générale du Parti à l'occasion de la direction du *Populaire*, le Conseil d'administration et de direction du journal me prie, dans l'intérêt même du journal, de vous informer qu'il désire que le Congrès s'abstienne d'un pareil débat pour se consacrer exclusivement à l'étude des moyens à employer pour faire vivre le *Populaire* et le développer. La question de la direction unique, double ou collégiale du *Populaire* étant subordonnée à cette discussion, le Conseil d'administration et de direction croit qu'il serait plus sage de l'examiner au cours d'un Congrès ultérieur, afin que rien ne puisse détourner l'attention des camarades du problème important qu'ils ont à résoudre les 3, 4 et 5 juin.

Jusqu'à ce Congrès, le *Populaire* continuera de paraître sous la double direction des citoyens Léon Blum et Jean Longuet. Mais le Conseil d'administration et de direction, tenant compte des leçons du passé, et sachant par expérience qu'il faut dans le journal, tant au point de vue technique que politique, une autorité responsable, présente d'une façon permanente, a décidé d'apporter une modification importante à l'organisation intérieure du *Populaire*, modification qu'il vous demande de porter à la connaissance des fédérations.

Il a nommé Paul Faure, secrétaire général du Parti, au poste de rédacteur en chef. Il a décidé que l'autorité du citoyen Paul Faure — responsable devant le Conseil d'administration et de direction — s'étendrait sur l'ensemble de la rédaction et qu'il aurait le droit de prendre, après consultation des directeurs, toutes les mesures indispensables et toutes les décisions qui lui sembleraient nécessaires dans l'intérêt du journal.

Le compte rendu du Conseil d'administration et de direction informera le Parti des résultats acquis par application des décisions prises par le Congrès de juin.

IV. — Les effectifs

Au Congrès de la Toussaint 1921, le rapport de la C. A. P. enregistrait la formation de 68 fédérations dont 60 seulement avaient retiré le nombre minimum de cartes pour constituer, aux termes du réglement du Parti, des organisations départementales.

Dans quatre départements : l'*Ariège*, les *Basses-Pyrénées*, la *Meuse*, les *Hautes-Pyrénées*, l'organisation fédérale était provisoirement constituée par un seul groupe avec quelques adhérents isolés.

Les adhérents de l'Ariège ont retiré cette année-ci leurs cartes à une Fédération voisine. Dans les trois autres départements aucun changement ne s'est produit.

Cinq nouvelles Fédérations se sont constituées depuis : l'*Aube*, *Côte-d'Or*, *Constantine*, l'*Eure*, les *Deux-Sèvres*.

A l'heure présente le Parti compte 69 Fédérations, dont 66 rassemblent le nombre de cotisants réglementaire.

30 Fédérations sont en progrès sur l'an dernier : *Ain*,

Aisne, Algérie, Ardennes, Aube, Bouches-du-Rhône, Constantine, Corrèze, Côte-d'Or, Côtes-du-Nord, Doubs, Finistère, Gers, Gironde, Hérault, Haute-Savoie, Ille-et-Vilaine, Loir-et-Cher, Maine-et-Loire, Marne, Nord, Oise, Puy-de-Dôme, Rhône, Seine-et-Marne, Somme, Vaucluse, Tarn, Vienne, Vosges.

Celles dont le développement est le plus remarquable sont : les *Bouches-du-Rhône*, le *Finistère*, la *Gironde*, l'*Ain*, les *Ardennes*, l'*Aisne*, l'*Oise*, *Maine-et-Loire*, *Seine-et-Marne*, etc.

Le Finistère a presque atteint le nombre des adhérents au Congrès de Tours et il compte un plus grand nombre de sections qu'avant la scission ; les Bouches-du-Rhône, la Gironde, l'Hérault, auront bientôt regroupé des effectifs aussi nombreux qu'au moment de l'unité.

23 Fédérations ont le même nombre d'adhérents qu'en 1921 ou sont restées à peu près stationnaires : *Aveyron, Aude, Cantal, Cher, Dordogne, Eure, Haute-Garonne, Gard, Indre, Indre-et-Loire, Isère, Hautes-Alpes, Loiret, Orne, Pyrénées-Orientales, Deux-Sèvres, Saône-et-Loire, Seine, Seine-et-Oise, Seine-Inférieure, Haute-Vienne, Var, Vendée.*

16 Fédérations apparaissent en régression sur l'an dernier :

Allier, Bas-Rhin, Haut-Rhin, Calvados, Charente, Charente-Inférieure, Creuse, Eure-et-Loir, Haute-Saône, Loire-Inférieure, Lot-et-Garonne, Morbihan, Nièvre, Pas-de-Calais, Sarthe, Tarn-et-Garonne.

Il convient d'ajouter que pour un certain nombre de Fédérations apparaissant comme stationnaires ou en régression, cette situation provient de ce qu'en 1921, elles firent au début de l'année des commandes approximatives de cartes qui ne furent pas toutes placées à la fin de l'année, tandis qu'en 1922, elles ont commandé au fur et à mesure de leurs besoins. Cela ne signifie donc en réalité, ni un recul, ni un arrêt dans le recrutement dans la plupart de ces départements. Certaines même de ces Fédérations se placent même par le nombre de leurs adhérents 1922 dans les premiers rangs des organisations départementales.

Voici du reste classée par ordre d'importance la liste des Fédérations avec le nombre de leurs sections :

N° d'ordre	DÉPARTEMENTS	Nombre de sections	N° d'ordre	DÉPARTEMENTS	Nombre de sections
1.	Nord	136	36.	Ille-et-Vilaine	3
2.	Pas-de-Calais	105	37.	Corrèze	7
3.	Seine	70	38.	Haute-Saône	10
4.	Haute-Vienne	86	39.	Charente-Inférieure	8
5.	Bouches-du-Rhône	28	40.	Algérie	8
6.	Bas-Rhin	28	41.	Sarthe	6
7.	Gironde	35	42.	Lot-et-Garonne	21
8.	Finistère	78	43.	Vosges	21
9.	Haut-Rhin	39	44.	Aube	4
10.	Puy-de-Dôme	39	45.	Nièvre	9
11.	Hérault	30	46.	Cher	10
12.	Var	34	47.	Orne	7
13.	Allier	23	48.	Côtes-du-Nord	11
14.	Isère	52	49.	Aveyron	8
15.	Rhône	17	50.	Doubs	5
16.	Oise	25	51.	Gers	6
17.	Haute-Garonne	19	52.	Indre	3
18.	Saône-et-Loire	23	53.	Vaucluse	5
19.	Ardennes	23	54.	Cantal	3
20.	Seine-et-Marne	27	55.	Haute-Savoie	7
21.	Seine-et-Oise	41	56.	Morbihan	7
22.	Ain	19	57.	Charente	7
23.	Tarn	13	58.	Eure-et-Loir	5
24.	Gard	29	59.	Eure	4
25.	Loir-et-Cher	10	60.	Constantine	6
26.	Aude	26	61.	Calvados	8
27.	Aisne	9	62.	Pyrénées-Orient.	5
28.	Indre-et-Loire	19	63.	Hautes-Alpes	7
29.	Seine-Inférieure	12	64.	Dordogne	3
30.	Somme	17	65.	Deux-Sèvres	3
31.	Maine-et-Loire	6	66.	Côte-d'Or	3
32.	Creuse	20	67.	Loiret	5
33.	Loire-Inférieure	13	68.	Vendée	2
34.	Marne	6	69.	Tarn-et-Garonne	5
35.	Vienne	9			

Dans les 15 départements suivants, le Parti compte 18 sections ou des militants isolés :

Loire, Ardèche, Meuse, Tunisie, Meurthe-et-Moselle, Lot, Alpes-Maritimes, Basses-Pyrénées, Moselle, Hautes-Pyrénées, Drôme, Yonne, Basses-Alpes, Corse, Manche.

C'est donc un total de 1.427 sections locales réparties

dans 69 Fédérations et 84 départements. C'est un gain de trois cents sections en un an.

Nous avons le ferme espoir de voir bientôt se constituer des organisations fédérales dans : *le Lot, la Drôme, les Basses-Pyrénées, la Manche, la Meurthe-et-Moselle.*

A l'heure présente le Parti domine dans une quarantaine de départements, où il a repris son influence sur les masses ouvrières et paysannes.

Vingt autres Fédérations sont en pleine convalescence.

Une dizaine, encore mal remises de la maladie bolcheviste, reviendront bientôt à la santé, puisque, dans leur rayon d'action, le bolchevisme est en pleine décomposition.

C'est encore le bassin de la Seine qui reste le plus contaminé, mais là aussi on commence à percevoir des symptômes encourageants pour le Parti.

V. — Le retour à la vieille maison

L'an dernier le rapport ne pouvait signaler que les militants de l'Aube retournant au vieux Parti.

Cette année-ci, il faudrait plusieurs pages du rapport pour dénombrer les désabusés du communisme que nous avons retrouvés.

Des militants, des élus, des sections ont, au cours de 1922, abandonné les décevantes illusions du bolchevisme ; certains ont repris au milieu de la famille socialiste la place qui leur était toujours conservée.

Le premier exode commença au lendemain des incidents déplorables au milieu desquels se clôtura le Congrès de Marseille, puis la scission syndicale désilla les yeux des militants qui avaient sincèrement adhéré au Parti communiste. Dans les régions minières du Nord, du Pas-de-Calais, du Gard, dans les centres syndicalistes du Haut et du Bas-Rhin, des sections entières ou presque entières, des municipalités passèrent de la S. F. I. C. à la F. S. I. O. ; ensuite ce fut l'attitude des candidats communistes faisant élire, par leur maintien systématique au deuxième tour les hommes du Bloc national contre les candidats socialistes, qui nous ramena des camarades qui, de bonne foi, et par un sentiment de discipline mal comprise avaient à Tours suivi les mauvais bergers.

Dans la Haute-Vienne, des sections et des élus, dans les Bouches-du-Rhône, des militants et des sections reconstituées, dans l'Hérault, dans le Finistère, dans le Var, dans la Gironde, dans le Rhône, dans la Seine-et-Oise.

Récemment encore, après le lamentable Congrès de Paris qui dissipa définitivement les illusions, c'est de la Seine, de la Drôme, et de vingt autres départements que les militants et leurs élus réadhèrent au vieux Parti.

Nos délégués permanents, nos orateurs, nos secrétaires fédéraux nous ont, depuis octobre, signalé que, un peu partout, c'est avec des anciens éléments ayant adhéré à la 3ᵉ Internationale après Tours, puis ayant rompu avec elle, après une période de découragement, que se reconstituent de nouvelles sections S. F. I. O. pour 1923.

La vieille maison, sauvée de la bourrasque, aura bientôt retrouvé ceux qui s'unirent jadis fraternellement sous son toit.

VI. — La propagande

La C. A. P. avait convié les Fédérations et les Sections à organiser dans leur rayon d'action, et avec leurs propres moyens, une semaine de recrutement fixée du 11 au 19 février.

Une vingtaine de Fédérations seulement répondirent à son appel. Quatre Fédérations : l'Algérie, la Seine, le Haut-Rhin, la Haute-Vienne indiquèrent leurs préférences pour d'autres dates.

Sur 1.080 sections locales existant à cette époque, des 65 Fédérations de 73 départements touchées par les imprimés du Bureau du Parti, 103 seulement l'informèrent des résultats obtenus en lui renvoyant le questionnaire reçu.

Ces 103 réponses signalaient 436 adhésions dans 50 sections, 284 abonnements souscrits au *Populaire* et la distribution de 31.640 exemplaires du n° 1 du *Socialiste*.

Il faut convenir que le résultat fut peu fructueux, mais si les 1.080 sections avaient pu organiser avec entrain la semaine de recrutement et obtenu des résultats proportionnels à ceux qui furent enregistrés par celles qui accomplirent l'effort demandé, le Parti aurait pu recueillir près de 5.000 adhésions nouvelles, ce qui aurait été appréciable.

Puisque là où l'expérience fut tentée, elle fut couronnée de succès, il convient de là renouveler par une action d'ensemble de toutes nos sections, de tous nos militants, et la C. A. P. a décidé qu'elle soumettrait un plan d'action méthodique pour une nouvelle semaine d'adhésion en février 1923.

* *

La propagande générale s'est poursuivie au cours de l'année avec le concours actif de la délégation permanente des élus et des membres de la C. A P.

Voici le tableau de la propagande de novembre 1921 à fin novembre 1922 :

DÉPARTEMENTS	NOMBRE D'ORATEURS de			NOMBRE DE RÉUNIONS par les			TOTAL des réunions données
	la C.A.P.	Elus	Permanents	Oratʳ de la C.A.P.	Elus	Permanents	
Aisne	3	2	2	3	3	12	17
Algérie	»	1	1	»	7	11	18
Allier	3	2	1	5	2	14	18
Alpes (Hautes-)	»	1	»	»	3	»	3
Alpes-Maritimes	»	»	1	»	»	6	6
Ardèche	»	»	1	»	»	8	8
Ardennes	»	1	2	«	1	28	29
Ariège	»	»	1	»	»	10	10
Aube	1	2	1	1	2	7	9
Aude	»	3	1	»	2	8	10
Aveyron	»	»	1	»	»	4	4
Bouches-du-Rhône	»	2	1	»	6	11	17
Calvados	»	1	1	»	2	5	7
Cantal	»	1	»	»	3	»	3
Charente	1	»	1	1	»	9	10
Charente-Inférieure	1	1	.	1	2	»	2
Cher	»	1	1	»	1	8	9
Constantine	»	»	1	»	»	7	7
Corrèze	»	1	1	»	6	11	17

DÉPARTEMENTS	NOMBRE D'ORATEURS de			NOMBRE DE RÉUNIONS par les			TOTAL des réunions données
	la C.A.P.	Elus	Permanents	Orat[rs] de la C.A.P.	Elus	Permanents	
Côte-d'Or	1	»	1	1	»	1	2
Côtes-du-Nord	»	2	»	»	5	»	5
Creuse	»	3	2	»	7	22	29
Dordogne	1	»	1	3	»	5	8
Doubs	1	2	1	1	8	11	17
Eure	1	1	»	1	1	»	2
Eure-et-Loir	»	1	»	»	3	»	3
Finistère	»	3	2	»	6	28	34
Gard	2	5	»	20	12	»	32
Garonne (Haute-)	»	5	»	»	8	»	8
Gers	»	»	1	»	»	8	8
Gironde	»	6	»	»	12	»	12
Hérault	2	11	1	11	18	21	41
Ille-et-Vilaine	»	2	»	»	1	»	1
Indre	»	1	1	»	7	16	23
Indre-et-Loire	»	1	1	»	1	9	10
Isère	»	1	1	»	1	16	17
Loir-et-Cher	»	2	1	»	6	9	15
Loire	»	»	1	»	»	5	5
Loire-Inférieure	»	3	1	»	15	14	29
Loiret	2	»	»	2	»	»	2
Lot	1	»	»	»	»	»	1
Lot-et-Garonne	»	1	1	»	2	12	14
Maine-et-Loire	»	1	2	»	3	15	18
Manche	1	»	»	1	»	»	1
Marne	2	5	1	1	9	10	19
Meuse	»	»	1	»	»	14	14
Morbihan	»	3	»	»	9	»	9
Nièvre	»	»	1	»	»	14	14
Nord	6	11	1	15	16	43	72
Oise	2	6	2	3	4	18	24
Orne	1	3	1	1	6	5	12
Pas-de-Calais	3	6	3	2	6	50	58
Puy-de-Dôme	1	1	1	2	11	18	31
Bas-Rhin	1	4	»	3	2	»	5
Rhin (Haut-)	»	2	»	»	3	»	3
Rhône	1	5	»	1	13	»	14
Saône (Haute-)	»	2	2	»	11	21	32
Saône-et-Loire	3	4	1	4	14	28	46
Sarthe	»	3	1	»	3	15	18

DÉPARTEMENTS	NOMBRE D'ORATEURS de			NOMBRE DE RÉUNIONS par les			TOTAL des réunions données
	la C.A.P.	Elus	Permanents	Orat\u02b3\u02e2 de la C.A.P.	Elus	Permanents	
Savoie (Haute-)........	»	1	1	»	2	10	12
Seine..............	12	10	1	34	30	1	50
Seine-et-Marne.......	4	5	1	5	11	18	30
Seine-et-Oise	7	2	2	17	3	38	52
Seine-Inférieure......	3	3	»	3	3	»	6
Sèvres (Deux-)........	»	1	»	»	1	»	1
Somme...............	1	2	1	2	5	8	13
Tarn	1	1	1	3	2	18	23
Tunisie	»	1	»	»	1	«	1
Var................	»	14	»	»	40	»	40
Vaucluse............	»	2	1	»	2	14	16
Vendée.............	»	»	1	»	»	10	10
Vienne.............	1	2	1	1	4	13	18
Vienne (Haute-)......	»	19	1	»	26	10	36
Vosges	1	4	2	1	13	21	35
Yonne...............	»	1	1	»	5	6	11
				140	411	754	1.266

Depuis Tours les orateurs du Parti ont visité 79 départements. Il reste encore ceux de la *Drôme, Landes, Lozère, Haute-Marne, Basses-Pyrénées, Hautes-Pyrénées* et *Savoie*, où la propagande n'a pas été portée.

Les camarades de la C. A. P. qui remplirent des délégations à la propagande furent : Paul Faure, 41 ; Maurice Maurin, 27 ; P. Renaudel, 26 ; Hubert Rouger, 14 ; Jean Longuet, 11 ; Grumbach, 10 ; J. Zyromsky, 6 ; G. Mauranges, 6 ; A. Le Troquer, 3 ; Grandvallet, Delépine, Frot, Klemczynski, chacun 2 ; E. Poisson, Mayéras, Osmin, chacun 1.

LA DÉLÉGATION PERMANENTE

Depuis le Congrès extraordinaire, René CABANNES et Théo BRETIN se consacrèrent plus particulièrement à la campagne pour les 15.000 abonnements au *Populaire*. Leur propagande intelligente et active a donné, au 30 novembre, plus de 1.200 abonnements souscrits au cours de leurs tournées.

A Lucien ROLAND et à Louise SAUMONNEAU furent confiées, en dehors des journées pour le recrutement et la propagande, des missions d'enquête et de réorganisation dans des départements dépourvus de fédérations socialistes : Alpes-Maritimes, Ardèche, Ariège, Loire, Meuse, Yonne.

Aux cours de ces tournées, nos deux camarades parvinrent à planter quelques jalons dans ces milieux difficiles et leur coup de sonde amena des correspondants au Parti. Nous espérons que dans plusieurs de ces départements se dresseront en 1923 de nouvelles organisations départementales.

Au cours des 754 réunions données, la délégation permanente fonda ou reconstitua plus de cent sections, groupant plus de 1.000 adhérents.

Lucien ROLAND a à son actif 165 journées de délégation, 16 tournées dans 14 départements et 172 réunions.

René CABANNES, 215 journées de délégation, 24 tournées dans 18 départements, 224 réunions.

Théo BRETIN, 203 journées de délégation, 22 tournées dans 16 départements, 209 réunions.

Louise SAUMONNEAU, 168 journées de délégation, 20 tournées dans 17 départements, 149 réunions.

L'excellente institution qu'est la délégation permanente a rendu au cours de l'année qui s'achève — grâce au dévouement des camarades qui la composent — les plus grands services au Parti, dans cette période de redressement socialiste. Les lettres des secrétaires fédéraux se plaisent à le constater et la C. A. P. est unanime à les en féliciter.

VII. — Les consultations électorales

Depuis la Toussaint de 1921 au 31 octobre 1922, c'est-à-dire en un an, les diverses élections complémentaires cantonales ou municipales ont, dans leur ensemble, été favorables au Parti socialiste.

Dans 14 cantons où les socialistes et les communistes s'affrontèrent, 23.696 voix aux socialistes, 9.615 aux communistes.

Pour l'ensemble des élections municipales de la même période, 8.035 voix aux socialistes, 3.401 aux communistes.

LES ÉLECTIONS CANTONALES DE MAI

Les élections partielles avaient marqué la décroissance du mouvement bolcheviste ; les élections générales des Conseils généraux et d'arrondissement qui eurent lieu en mai furent un triomphe pour le Parti socialiste et un écrasement du moscovisme.

Le total des voix obtenu par les 458 candidats socialistes fut de 578.466 ; celui des candidats communistes 321.444. Les candidatures de l'amnistie (marins de la mer Noire) 33.809.

Dans le total des voix socialistes ne sont pas compris naturellement les suffrages obtenus par les marins présentés par nos sections socialistes comme dans le Var, l'Oise, l'Isère, les Pyrénées-orientales, etc.

Le total des suffrages communistes comprend les voix républicaines ralliées contre le Bloc National (Côte-d'Or, Basses-Alpes, Drôme, etc.) par des candidats à étiquettes communistes et à programme pâlement républicain, et aussi les voix socialistes ralliées dans les cantons où il n'y avait pas d'opposant aux conseillers sortants communistes, qui retrouvèrent les voix d'unité de 1919 comme dans l'Allier, le Gard, la Haute-Vienne, etc.

Dans les 215 cantons où les électeurs ouvriers et paysans purent choisir entre des candidats socialistes et communistes, 347.779 voix aux socialistes et 183.285 aux communistes.

Les conseillers socialistes sortants étaient au nombre de 137.

Les pertes furent de 12, les gains de 71, soit 59 sièges gagnés.

Il y eut 89 conseillers généraux élus ou réélus et 107 conseillers d'arrondissement, ce qui donne un total de 196 élus. En ajoutant les conseillers de la série non renouvelable, le Parti compte 140 conseillers généraux et 158 conseillers d'arrondissement.

Dans 12 départements l'absence de Fédération fit que le Parti socialiste n'eut pas de candidats; dans 7 autres départements, des embryons de Fédération firent qu'il n'y eut que de rares cantons où la candidature socialiste put s'affirmer. Dans ces 19 départements, les candidats communistes, camouflés en socialistes ou en simples républicains obtinrent environ 80.000 voix.

Dans cinq départements seulement, le Parti communiste triompha facilement, dans quatre autres il distance le Parti socialiste.

Dans 37 départements c'est le Parti socialiste qui bat ou écrase les candidats de la dissidence communiste, et dans 26 de ces derniers, le Parti des 21 conditions est complètement liquidé.

Les régions industrielles restent fidèles au vieux socialisme.

Les mineurs de Carmaux, du Carmaux qui envoyait Jaurès à la Chambre, les textiles de Roubaix, la Roubaix de Jules Guesde, les centres houillers du Pas-de-Calais, du Nord, Montceau, Decazeville, les dockers de Saint-Nazaire, les ouvriers et les paysans de l'Auvergne et du Limousin, de la Bretagne et des Flandres, de l'Alsace et de la Gascogne, du Languedoc et de la Touraine, du Dauphiné et de la Provence, affirment leur attachement indéfectible au Parti socialiste.

Quarante des plus grandes villes de France donnent la victoire au socialisme international, par plus de 230.000 suffrages contre 60.000 à peine aux divisionnistes de la classe ouvrière. Quelques centres urbains seulement, Belfort, Saint-Etienne, Dijon, semblent garder leur attachement au Parti communiste, dans les deux premiers où nous n'avions aucune organisation, dans le troisième où les communistes à éclipses se présentent comme candidats du bloc des gauches.

Nous n'insisterons pas sur l'action communiste au cours de ces élections, le numéro spécial du *Populaire* donna des documents authentiques qui permirent d'apprécier l'attitude du Parti des masses sans électeurs devant le corps électoral.

Nous donnons ci-après le tableau des résultats électoraux :

Total des voix obtenues par les

DÉPARTEMENTS	CANDIDATS PRÉSENTÉS			
	CONSEIL GÉNÉRAL		CONSEIL D'ARROND.	
	Socialistes	Comm.	Socialistes	Comm.
Ain	2	3		1
Aisne	3	3	2	5
Allier	4	9	5	4
Alpes (Basses)		4		
Alpes (Hautes-)	1			
Alpes-Maritimes				
Ardennes	6	3	3	4
Ariège	1	1		2
Aube	2	3		9
Aude	3	2	2	2
Aveyron	3	2		
Belfort		4		
Bouches-du-Rhône	12	6	11	9
Charente	2	2		1
Charente-Inférieure	2	3	1	1
Cher		4	3	2
Corrèze	2	4		7
Côte-d'Or	2	2	1	3
Côtes-du-Nord	1		1	
Creuse	4	2	4	
Dordogne		6		2
Doubs	2	2	1	2
Drôme		5		2
Eure		1	1	
Finistère	8	4	4	3
Gard	9	9	6	12
Garonne (Haute-)	5	2	4	
Gers	2	1	1	3
Gironde	7	4	8	5
Hérault	7	5	11	2
Ille-et-Vilaine	2		1	
Indre	1	1	1	
Indre-et-Loire	2	2	3	2
Isère	4	3	6	1
A Reporter	99	102	80	84

Candidats Socialistes et Communistes

VOIX OBTENUES AU 1er TOUR			VOIX OBTENUES DANS LES CANTONS où Socialistes et Communistes s'affrontaient	
SOCIALISTES	COMMUNISTES	CANDIDATS de L'AMNISTIE	Socialistes	Comm. et Amn.
1.786	2.149	325	1.224	451
12.108	1.510	1.306	9 758	1.567
9.871	15.614	1.123	7.752	8.827
	2.571			
206				
		2.184		
12.076	4.918		8.966	2.845
505	1.990			
2.628	8.027		1.729	2.475
5.017	1.098	156	3.082	289
3.556	1.103		2.881	1.103
	2.458			
37.410	9.458	2.567	22.840	10.234
2.226	2.369	89	1.618	2.019
3.699		670	2.861	198
2.820	5.940	3.135	1.758	3.135
1.470	5.151	411	559	323
1.514	5.142	182	1.859	
1.047				
5.992	560		613	156
	3.488	106		
816		2.960	491	1.350
	4.841	136		
781	710			
11.946	1.958	561	7.790	2.519
10.758	10.501	150	8.416	7.068
20.080		726	8.480	726
1.277	1.000		836	237
19.333	6.057		15.800	6.057
20.730	1.412	56	4.814	1.113
2.443				
2.049	448			
8.818	442	3.139	4.661	2.103
10.320	2.270		4.124	1.624
213.282	103.185	20.052	122.912	56.419

DÉPARTEMENTS	CANDIDATS PRÉSENTÉS			
	CONSEIL GÉNÉRAL		CONSEIL D'ARROND.	
	Socialistes	Comm.	Socialistes	Comm.
Report......	99	102	80	84
Landes.................				1
Loire		6		7
Loire-Inférieure.........	9	2	10	4
Loir-et-Cher...........	2		2	
Lot-et-Garonne........		7	2	1
Maine-et-Loire	1		1	
Marne...............	2	3	3	3
Meurthe-et-Moselle.....		1		
Morbihan	2	1	2	
Moselle	1	1		
Nièvre	4	4	2	5
Nord................	30	23	27	23
Oise	4	3	2	2
Orne................	1			
Pas-de-Calais.........	9	7	8	3
Puy-de-Dôme.........	6	2	4	
Pyrénées (Basses-).....		1		1
Pyrénées (Hautes-)		1		
Pyrénées-Orientales.....	2	1	3	2
Rhin (Bas-)...........	13	7		
Rhin (Haut-)..........	8	6	2	2
Rhône..............	8	10	4	7
Saône-et-Loire........	3	4	1	3
Saône (Haute-)			4	1
Sarthe..............	3		2	
Savoie (Haute-)..		3	1	3
Seine-et-Marne	1	4	1	1
Seine-et-Oise ......,....	10	10	9	11
Seine-Inférieure.........	6	8	5	5
Somme..............	3		2	
Tarn...............	5	3	7	
Tarn-et-Garonne	1	2	1	
Var.................	8	4	7	5
Vaucluse.............	2	8	2	10
Vendée..............		2		2
Vienne..............			6	2
Vienne (Haute-)........	6	5	9	4
TOTAL........	256	241	212	192

| VOIX OBTENUES AU 1er TOUR | | | VOIX OBTENUES DANS LES CANTONS où Socialistes et Communistes s'affrontaient | |
SOCIALISTES	COMMUNISTES	CANDIDATS de L'AMNISTIE	Socialistes	Comm. et Amu.
213.282	103.185	20.052	122.912	56.419
	1.484			
	26.475			
11.703	3.176		7.944	2.716
6.697				
1.237	3.456			
1.674				
1.596	2.621		1.596	2.252
	853			
3.453	131			
342	201		342	201
8.425	5.525	418	6.292	3.019
108.759	58.599	1.029	95.489	52.163
8.719	2.515	792	5.201	1.216
881		255		
44.961	9.646	3.905	27.354	12.642
13.796	184	619	3.952	184
	102	408		
	554			
5.997	2.587			
8.911	3.668		5.522	3.668
16.322	4.724		14.429	4.723
19.428	15.954		17.362	11.981
8.457	4.669	131	2.245	813
2.659	177		937	177
10.284				
668	228	461		
1.323	2.305		1.323	441
8.089	24.659		5.532	18.507
9.040	10.189	1.830	6.789	4.961
6.021				
15.309	1,949		5.370	1.433
242	827	33	242	413
12.537	1.534	1.282	4.547	1.291
1.123	6.763	1.731	738	1.311
	593			
4.546	1.047			
17.985	7.266	729	9.263	2.454
578.466	321.444	33.809	347.779	183.285

La C. A. P. édita un numéro spécial du *Socialiste* consacré entièrement aux élections cantonales. Le tirage s'éleva à cent dix mille, il s'écoula rapidement, et plus de 20.000 numéros demandés au dernier moment ne purent être fournis.

La campagne électorale fut menée sur le terrain des principes socialistes définis par nos Congrès, et le résultat acquis consacre bien une victoire socialiste, prélude des victoires de demain.

VIII. — Sympathies et manifestations internationales

Le Parti socialiste S. F. I. O., on peut l'affirmer, occupe aujourd'hui, dans le socialisme mondial, la place à laquelle lui donnent droit et son passé et la légitime influence acquise grâce aux illustres militants qui furent ses fondateurs.

Des quatre coins du monde — depuis Tours — lui sont venues les adresses de sympathies et les témoignages de solidarité.

C'est de l'Independant Labour Party et du Labour Party d'Angleterre, du Parti ouvrier belge, avec lesquels la S. F. I. O. n'a cessé d'entretenir des relations de la plus fraternelle amitié :

Réunions à Londres de Bracke et J. Longuet à la fin de 1921 ; avec Blum et V. Auriol en avril et mai 1922 ; à Edimbourg, au Congrès du Labour Party, avec M. Moutet.

Délégations anglaises à Paris ou en France en janvier, mars et juillet.

Tournées de réunions en Belgique, où Paul Faure, Léon Blum, J. Longuet, Jean Parvy, Gustave Fourment, Pierre Renaudel, François Lefebvre soutiennent les candidats du P. O. B. aux élections générales ; délégation au Congrès du P. O., Paul Faure, Compère-Morel, Mauranges en avril, Bracke en mai à Bruxelles, Blum, Jean Longuet, Renaudel, Sembat au sujet des pactes anglo-franco-belges. Délégation de L. Blum en août, à la réunion, à Bruxelles, du Comité international sur les réparations; délégation des Jeunesses socialistes à la Journée de la Jeunesse ouvrière à Anvers.

Réunions et visites en France de Vandervelde, de Brou-kère, Wauters, Anseele, Piérard en janvier, février, avril, juillet, août .Délégation de Jean Patou, secrétaire de la Fédération belge des Elus; délégation belge au Congrès de Juin à Paris, où fut sauvé, grâce au précieux concours des ouvriers de Belgique, le *Populaire*; représentation effective aux obsèques de Guesde, à la commémoration Jaurès, aux obsèques de Sembat.

C'est en accord avec les organisations prolétariennes de Grande-Bretagne et de Belgique que le Parti organisa la série de démonstrations populaires de juillet, à Lille, Lyon, Marseille, Béziers, Toulouse, Bordeaux, Rennes, Le Mans, Brest, Paris, qui réunirent des foules considérables et des auditoires nombreux autour de : Tom Shaw et Vallaed, dont nous saluons avec joie la réélection de l'un et l'entrée de l'autre à la Chambre des Communes, de Vandervelde, de Brouckère, Wauters, Anseele, Piérard.

Avec les ouvriers d'Allemagne et d'Autriche ont été renoués des liens de cordiale camaraderie.

Délégations Paul Faure, René Cabannes, Grumbach, Mauranges, P. Renaudel au Congrès de Leipzig; réunions à Francfort, Leipzig, Berlin, etc.

Délégation à Francfort en mars : P. Faure, Léon Blum, V. Auriol, Bracke, R. Evrard, Grumbach, Jean Longuet, Pierre Renaudel; délégation à Berlin en avril : Paul Faure, Bracke, Compère-Morel, Jean Longuet; en juin, délégation J. Longuet à Francfort, en octobre, Compère-Morel au Congrès de Nuremberg; réunions de Grumbach en Bavière.

Délégation de Bracke au Congrès extraordinaire du Parti socialiste autrichien à Vienne.

Réunions F. Adler à Paris en février, Th. Liebnecht et Rosenfeld en juillet à Paris; réunions Breitscheid à Paris, Rouen, etc.

Pour la Suisse : Tournées de réunions dans les principaux centres socialistes de l'Helvétie par Mistral et Valière en mars.

Pour le Luxembourg : conférence de Paul Faure, à Luxembourg.

Pour l'Italie : visite de Serrati à Paris et de Bracke à Milan.

Pour la Russie et la Géorgie : ce sont les délégations du Parti socialiste révolutionnaire et des Social-Démocrates qui sont reçues au Parti.

Pour la Hollande : visites de H. Van Kol, vétéran de la Ire Internationale.

Pour l'Espagne : réceptions de Fabra Ribas, Santiago, de Saborit, secrétaire du Parti socialiste espagnol ; c'est avec le parrainage de la S. F. I. O. que le P. S. I. adhéra à l'Union de Vienne.

Pour l'Amérique : visite de Morris Hilquitt, le grand socialiste américain ; de Panken qui prit la parole aux obsèques de Guesde, et tournée de conférences aux Etats-Unis par Jean Longuet, qui établiront désormais la liaison avec le Parti socialiste du Nouveau Monde.

Enfin, de chaleureuses adresses des Partis scandinaves : suédois et danois, apportant leur concours au *Populaire*, celles du Parti socialiste polonais, de la Social-Démocratie tchèque, du Parti socialiste bulgare, du Parti Social-Démocrate yougo-slave, du Parti socialiste de Lettonie ; celle du Parti socialiste argentin affirmant son accord avec la pensée socialiste définie au Congrès de Paris.

IX. — Contre les persécutions
Pour la liberté des peuples

La C. A. P. accueillit, dans sa séance du 24 novembre 1921, une délégation de la République socialiste de Géorgie et entendit Tseretelli dans un exposé de la situation faite au peuple géorgien, aux ouvriers et aux organisations syndicales sous la domination bolcheviste.

Elle renouvela ses précédentes protestations contre l'occupation de la Géorgie par l'armée rouge et adressa son témoignage de solidarité aux travailleurs socialistes de Géorgie.

*
* *

Après avoir été mise au courant par des délégations des socialistes russes, la C. A. P. entreprit, dès le lendemain, une campagne en faveur des S. R. emprisonnés.

Quelques mois après, elle s'adressait directement à Moscou, après que le représentant des Soviets à Paris, Skobeleff, eut refusé de recevoir la délégation qui désirait lui faire part de l'émotion de tous les travailleurs socialistes à l'annonce des dangers que couraient les prisonniers de Moscou.

Voici le texte du télégramme envoyé le 14 mars 1922 :

GOUVERNEMENT DES SOVIETS. EXÉCUTIF. IIIe INTERNATIONALE, MOSCOU. - « *Parti socialiste de France vous adjure renoncer à ouvrir procès des socialistes révolutionnaires avant la réunion des trois Exécutifs, qui doit avoir lieu à Berlin, où le caractère des accusations pourrait être examiné. Un verdict sévère soulèverait une émotion considérable parmi le prolétariat mondial et anéantirait toute espérance de front unique.* »

On connaît la suite; au lendemain de la condamnation, nouvelles protestations auprès du Gouvernement des Soviets et de son représentant Krassine, flétrissant avec indignation l'abominable verdict. Conférences Rosenfeld et Th. Liebneckt, défenseurs des S. R. Elle demanda à l'Union de Vienne d'entreprendre une action de vigoureuse protestation.

*
* *

En décembre, la C. A. P. prit l'initiative d'une campagne en faveur de W. Debbs, emprisonné par le Gouvernement américain depuis de longues années. Elle intervient auprès de la C. G. T., de la Ligue des Droits de l'Homme et de la Fédération nationale des Coopératives pour leur demander de participer aux démarches entreprises auprès de l'ambassade.

La campagne n'eut pas une longue durée, le Gouvernement de Washington ayant libéré Debbs aux fêtes de la Noël. Les sympathies des socialistes français lui furent transmises à cette occasion.

*
* *

De même, la C. A. P. offrit au Parti socialiste italien le concours des socialistes français pour dénoncer à l'opinion publique du monde civilisé les entreprises et les attentats criminels du fascio.

X. — Pour l'amnistie

Le Parti n'a cessé de poursuivre sa campagne en faveur de l'amnistie, des réunions, des manifestations ont été organisées par la plupart de ses Fédérations ; dans la presse, ses journalistes ; à la Chambre, son groupe d'élus, n'ont manqué aucune occasion de revendiquer en faveur des soldats, marins victimes des conseils de guerre et des militants condamnés par la justice de classe. Nos conseillers généraux ont déposé ou fait voter des vœux en faveur de Marty et de l'amnistie totale ; nos Conseils municipaux également.

Nos Fédérations de la Seine, des Pyrénées-Orientales, du Var, du Nord, du Rhône ont fait élire Alquier et Marty. Nos amis G. Fourment, sénateur, président du Conseil général du Var, les élus du Nord ont entrepris les démarches en faveur de leur libération.

XI. — La défense ouvrière

L'Impôt sur les salaires. — Les huit heures
La grève du Havre

La C. A. P., sur l'initiative de la Fédération du Doubs, saisit une Commission afin d'étudier la question des modifications à apporter à la loi sur l'impôt sur le revenu pour aboutir au relèvement du taux d'exemption des salaires ouvriers. Cette étude a abouti aux propositions concrètes du Groupe au sein de la Commission des Finances de la Chambre et elles seront défendues à la tribune.

*
* *

La campagne en faveur du maintien de la loi de huit heures est poursuivie par les journalistes du Parti invités, ainsi que les Fédérations, par la C. A. P., à joindre leur action à celle des organisations syndicales de la C. G. T. Un numéro spécial du *Socialiste* sera à la disposition des groupes pour assurer la propagande des militants.

*
* *

La C. A. P. vota deux résolutions relatives aux événements du Havre : une de solidarité avec les grévistes ; une de protestation contre les fusillades. Elle convia les travailleurs en lutte à suivre les directives des organisations syndicales afin de résister aux manœuvres patronales appuyées de la complicité gouvernementale. Elle saisit le Groupe au Parlement qui porta à la tribune la protestation socialiste.

XII. — Les anniversaires socialistes

Le 18 mars. La Semaine sanglante.
La commémoration de Jaurès

La C. A. P. adressa, le 18 mars, le manifeste traditionnel à l'occasion de l'anniversaire de la Commune que toutes nos Fédérations célébrèrent, et le dernier dimanche de mai, elle se joignit aux manifestations organisées par la Fédération de la Seine au mur des Fédérés, au Père-Lachaise, et, le dimanche suivant, au cimetière Montparnasse. La commémoration de Jaurès fut célébrée dans la grande salle des Sociétés Savantes, sous la présidence de Paul Faure avec, comme orateurs : Anseele, du Parti ouvrier belge ; Breitscheid, du Parti socialiste indépendant d'Allemagne ; G. Dumoulin, de la C. G. T. ; Marcel Sembat et Léon Blum. La Ligue des Droits de l'Homme et la Société des Amis de Jaurès furent représentés.

XIII. — Le Premier Mai

A l'occasion de la Journée internationale, la C. A. P. adressa un appel au prolétariat lui demandant de se dresser contre « *toutes les tentatives de réaction politique et économique; contre le militarisme et les haines entre les nations; contre les divisions de la classe ouvrière* ».

XIV. — Les relations avec la C. G. T.

Le Parti socialiste, expression politique de la classe ouvrière, a entretenu les meilleures relations avec les organisations syndicales du prolétariat.

Aucune question ouvrière n'est venue au Parlement sans que le Groupe du Parti ne s'efforce d'agir en plein accord avec les pensées directrices du mouvement ouvrier.

XV. — Les rapports avec d'autres organisations

Le 28 mars, Paul Faure fut mandaté pour mettre au point les inexactitudes contenues dans un manifeste de la Fédération du Jura et protester contre l'assimilation, du Parti socialiste toujours prêt — lui — à travailler à la réalisation de l'unité socialiste, au Parti communiste, propagateur de la division ouvrière. La lettre releva amicalement les injustices commises.

Le 10 octobre, la C. A. P. acquiesça aux demandes des camarades de l'Ain et du Doubs qui se rendirent au Congrès de Saint-Claude à titre d'information et y exposèrent la pensée unitaire du Parti socialiste.

Le 2 mai, la C. A. P. décidait de répondre favorablement à la proposition de l'A. R. A. C. invitant le Parti à une manifestation commune contre la guerre, à laquelle étaient invitées les organisations politiques et syndicales. Comme elle participa — par ses délégués Mauranges et Frot — à une réunion ayant le même objet, organisée par la Ligue des Droits de l'Homme et à laquelle participèrent les délégués de la C. G. T., des organisations maçonniques et du Parti radical-socialiste.

XVI. — Les rapports avec le Parti communiste

Ils furent peu amicaux; les orateurs du Parti socialiste trouvèrent toujours dans les réunions de propagande, surtout au début de l'année, non pas une contradiction courtoise sur le terrain des idées, mais des tentatives d'obstruction systématique.

Après le Congrès de la Toussaint, la C. A. P. décidait d'adresser au Parti communiste réuni en Congrès à Marseille la lettre suivante, qui resta sans réponse.

Citoyen,

La C. A. P. du Parti Socialiste me charge de vous rappeler que vous avez laissé sans réponse notre lettre du 2 mars 1921, confirmée par lettre du 20 avril 1921, concernant la liquidation de l'actif de l'ancien Parti.

Nous avons cru devoir attendre jusqu'ici afin que s'apaisent un peu les passions et qu'il soit possible à tous d'envisager ce problème avec le sang-froid nécessaire.

Nous estimons maintenant le délai suffisant et vous prions de bien vouloir nous dire par un très prochain courrier quelle suite vous entendez donner à nos propositions du 2 mars.

Nous vous faisons ce dernier appel pour que ces affaires soient réglées à l'amiable, au moins dans leur principe.

Agréez, citoyen, nos salutations socialistes.

Le Secrétaire général, PAUL FAURE.

* *

Au lendemain de la Conférence des trois Exécutifs, tenue du 2 au 5 avril, à Berlin, la C. A. P. délibérait, le 11, sur les suites à donner aux directives contenues dans la déclaration commune du Comité des neuf. Elle décidait de faire au Parti communiste la proposition contenue dans la lettre suivante :

Au citoyen L.-O. Frossard,
Secrétaire du Parti Communiste.

Citoyen,

Notre C. A. P. a délibéré hier soir sur les résultats de la Conférence de Berlin.

Elle m'a chargé de demander au Comité Directeur du Parti Communiste s'il serait disposé à accepter l'organisation en commun de réunions publiques avec l'ordre du jour arrêté par les délégations des 3 Exécutifs.

Nous avons envisagé comme possible et pratique les dates des samedi 29, dimanche 30 et lundi 1er mai, suivant les circonstances locales.

En attendant votre réponse à notre proposition prise en conformité des décisions de nos délégations respectives à Berlin, je vous prie d'agréer, citoyen, l'expression de mes sentiments socialistes.

PAUL FAURE.

Le Secrétariat général du Parti reçut la lettre suivante :

Paris, 14 avril.

Citoyen,

Je vous accuse réception de votre lettre du 12 avril.

Le Comité Directeur me charge de vous informer que votre proposition sera soumise au Conseil National du Parti Communiste qui se tiendra les 22 et 23 avril prochain, à Paris. C'est le Conseil National qui décidera des conditions dans lesquelles le Parti Communiste appliquera, en ce qui le concerne, les résolutions de la Conférence de Berlin.

Je vous prie d'agréer, etc....

L.-O. FROSSARD.

En même temps qu'il écrivait cette lettre, le Comité directeur votait une résolution qu'il proposait au Conseil national, dans laquelle était déclinée l'invitation du Parti socialiste.

Cette résolution indiquait que le Parti communiste n'entendait favoriser la tendance à l'unité de la classe ouvrière que « dans la mesure où elle ne va pas à l'encontre des intérêts permanents du communisme ». Le Conseil national communiste entérina la proposition du Comité directeur et refusa l'offre de collaboration du Parti socialiste qui en fut seulement informé par la lecture de *l'Humanité.*

*
* *

Le mardi 23 mai, la C. A. P. approuvait l'initiative prise par la Fédération de la Seine offrant à la Fédération communiste d'organiser en commun la manifestation commémorative de la Semaine sanglante au mur des Fédérés, proposition qui fut refusée par les communistes parisiens.

*
* *

Mais l'eau coule sous les ponts, les événements suivent leur cours. En mai, survient la catastrophe électorale et, en octobre, la débâcle du Congrès communiste. Les socialistes n'apparaissent plus comme de *méprisables dissidents,* mais on finit par s'apercevoir qu'ils ont les forts contingents ouvriers derrière eux ; les affaires de la S. F. I. C. sont en pleine liquidation, les groupes se désagrègent, les militants désabusés se retirent, les démissions succèdent aux exclusions, on remise alors morgue et dédain, et avant que le IVe Congrès de Moscou donne des ordres impératifs, on préconise l'unité de front en vue des intérêts permanents du communisme. Le Comité directeur fait parvenir, le 6 novembre, au Secrétariat du Parti socialiste, la lettre suivante :·

Au Secrétaire général
du Parti Socialiste (S. F. I. O.)

Citoyen Secrétaire,

Les deux élections toutes récentes du Var (Hyères) et de Paris (la Santé) ont exprimé avec force la volonté du pays d'obtenir, sans délai, l'amnistie totale que lui refuse le gouvernement.

Il convient de donner à cette volonté une nouvelle occasion de s'exprimer. Le Parti Communiste a pensé que la date du 11 novembre est particulièrement indiquée dans ce but : elle commémore en effet la fin de la guerre dont les emprisonnés de la classe ouvrière subissent encore la cruauté et l'injustice. Le Parti Communiste estime qu'il y a lieu d'organiser pour samedi prochain, entre 3 et 4 heures, une manifestation devant l'Hôtel de Ville de Paris.

Dans son esprit, il s'agit d'un cortège organisé et discipliné qui, défilant dans le calme et la dignité nécessaires, affirmera avec d'autant plus de vigueur notre résolution commune.

La question de l'amnistie dépasse chacune de nos organisations. Elle est de celles qui doivent nous permettre, en dépit de nos désaccords et de nos oppositions, de joindre utilement nos efforts.

Le Parti Communiste vous demande d'accueillir l'initiative qu'il prend aujourd'hui. Si vous l'acceptez, il vous prie de charger deux de vos représentants de se rencontrer avec ses propres délégués à une réunion préparatoire qui se tiendra après-demain mercredi, à 20 h. 30, au siège du Parti, 120, rue Lafayette.

Dans l'espoir que vous apporterez votre concours à cette première réalisation, pour une fin d'équité et d'humanité, du front unique prolétarien, nous vous prions d'agréer l'assurance de nos sentiments communistes.

Le Secrétaire général du Parti Communiste,
L.-O. FROSSARD.

La C. A. P. examina la proposition dans sa séance du 7 novembre et décida d'y répondre par la lettre suivante :

Paris, ce 8 novembre 1922.
Citoyen L.-O. Frossard,
Secrétaire du Parti Communiste.

Citoyen Secrétaire,

La C. A. P. du Parti Socialiste, après avoir pris connaissance de la lettre que vous lui avez adressée le 6 novembre, a décidé de vous répondre en ces termes :

Elle prend acte que ceux-là même qui avaient jusqu'ici rejeté l'idée du front unique en sont venus à ne plus considérer comme irréalisable une certaine unité d'action.

Nous rappelons qu'à plusieurs reprises nous avions fait des propositions de ce genre qui avaient été repoussées successivement par le Parti Communiste et nous considérions l'incident clos, et clos par vous.

Nous n'avons pas, quant à nous, modifié notre manière de voir.

Toutefois, nous observons :

D'une part, en ce qui concerne votre proposition, que ce n'est peut-être pas une bonne méthode au moment où l'on veut entamer une action commune que de définir d'abord la forme que prendra cette action sans avoir engagé, au préalable, avec tous les participants, une discussion de forme générale ;

D'autre part, que votre Comité Directeur, qui n'est, suivant votre propre aveu, que provisoire, n'aura pleine autorité qu'après le Congrès de votre Internationale dont les décisions peuvent, d'un moment à l'autre, modifier votre position.

Qu'en outre, nous aurions, le cas échéant, à fixer toutes conditions et garanties d'une action commune ce qui, étant donné vos déclarations anciennes, vous voudrez bien le reconnaître, s'impose absolument.

Qu'enfin, dans un cas donné, il y aurait nécessité à s'entendre au préalable sur les organisations politiques et syndicales auxquelles l'invitation pourrait être étendue.

Pour toutes ces raisons, il nous est impossible d'accepter votre proposition de manifestation sur la place de l'Hôtel de Ville, le 11 novembre, que nous considérons comme susceptible de desservir la cause de l'amnistie.

Mais nous nous déclarons prêts à examiner avec toutes organisations ouvrières, en des discussions complètes et loyales, les conditions dans lesquelles des actions communes pourraient être éventuellement entreprises pour l'amnistie.

Nous vous prions d'agréer l'assurance de nos sentiments socialistes.

Le Secrétaire général, PAUL FAURE.

Par lettre du 9 novembre, le citoyen L.-O. Frossard faisait connaître que diverses organisations invitées ayant estimé qu'avant tout effort commun, les modalités de l'action devaient être discutées et arrêtées par l'ensemble des groupements intéressés, la manifestation du 11 novembre était ajournée et le Parti socialiste invité à envoyer des délégués se rencontrer avec les représentants des organisations ayant accepté l'invitation du Parti communiste.

Après une nouvelle délibération, le 14 novembre, le Parti socialiste envoyait la lettre suivante :

Paris 15 novembre.

Au Secrétaire du Parti Communiste.

Citoyen Secrétaire,

La C. A. P. a délibéré hier soir sur les diverses propositions d'action commune que vous nous avez transmises.

Une délégation a été désignée, chargée d'entrer en contact avec les délégués du Parti Communiste en vue de leur poser un certain nombre de questions préalables et de leur faire préciser les conditions dans lesquelles vous concevez l'action projetée.

Elle a, en outre, le mandat de nous faire connaître les garanties qui nous paraissent indispensables avant toute continuation des pourparlers.

Cette délégation est composée des citoyens Séverac, Goude, Lebas et Renaudel.

Veuillez nous dire quel jour et où les deux délégations pourront se rencontrer.

Agréez, etc....

Après pourparlers sur la date, les deux délégations se rencontrèrent le jeudi 23 novembre, au siège du Parti communiste, 120, rue Lafayette. Etaient présents : L.-O. Frossard, Maranne, Louis Sellier, Garchery, pour le Parti communiste; Séverac, Goude, Lebas, Renaudel, pour le Parti socialiste.

La sténographie de l'entrevue prise par les soins du Parti communiste fut reçue le 28 novembre par le Secrétariat du Parti socialiste.

Lecture en fut donnée, à la séance du même jour, à la C. A. P. La délégation socialiste fut unanime à constater qu'il ne s'agissait pas des premières épreuves, les interventions de L.-O. Frossard paraissant avoir été revisées, des traits essentiels de conversation ayant disparu dans la reproduction des déclarations du délégué communiste comme dans celles de Goude, Lebas, Renaudel.

La C. A. P. décidait, en présence de cette traduction inexacte, de demander une révision en commun sur les sténogrames eux-mêmes.

Le 30 novembre, le Parti communiste adressait au Parti socialiste la nouvelle lettre ci-après:

La lettre du Parti communiste

Paris, le 30 novembre 1922.

Citoyen secrétaire,

Le Comité directeur du Parti communiste a pris connaissance des conversations que ses représentants ont échangées avec les vôtres dans la réunion du jeudi 23 novembre. Il en résulte que le Parti socialiste, avant d'examiner la suite que comportent nos propositions d'action commune pour l'amnistie, nous demande de « définir à nouveau, dans une déclaration publique, notre conception du front prolétarien unique ». Vos délégués nous ont informés que si cette exigence n'était point satisfaite, la possibilité de pourparlers ultérieurs entre nos deux organisations serait écartée par le Parti socialiste. Selon lui, en effet, l'Unité de front telle que la conçoit l'Internationale communiste a « pour objet essentiel de désorganiser les partis prolétariens au profit du Parti communiste ». D'autre part, les socialistes « ont été dénoncés par les représentants qualifiés de l'Internationale communiste et du Parti communiste français comme les derniers remparts du capital ». Votre Parti désire savoir si nous continuons de porter sur ses militants et sur lui ce jugement qu'il considère comme injurieux. Enfin, il veut être certain « que la tactique de l'Unité de front ne cache pas un piège ».

Le Comité directeur, d'accord en cela avec les délégués qui le représentaient à la réunion de jeudi, estime qu'il n'a pas à soumettre à un nouvel examen une question que ses Congrès nationaux et internationaux ont tranchée. Il juge donc inutile d'ouvrir avec vous une controverse sur ce point. Il n'en aperçoit ni la nécessité ni la portée. Pas plus qu'il ne vous demande compte de vos intentions, il ne croit vous devoir des justifications sur les siennes. Du reste, son Bureau politique a clairement formulé le sens qu'il attache à la campagne du Parti communiste pour l'unité de front prolétarien : « Elle ne se limitera pas à la question de l'amnistie. Elle se saisira de tous les problèmes qui touchent aux conditions actuelles de vie de la classe ouvrière... La lutte pour le pain quotidien a ses exigences qui s'imposent inexorablement aux travailleurs. Leurs maigres salaires, à chaque instant, sont menacés. De dérogations en dérogations, les huit heures, peu à peu, disparaissent, et la loi même qui les avait consacrés risque de sombrer sous les coups répétés d'une majorité domestiquée par les puissances d'argent. L'exercice des libertés syndicales se heurte à l'arbitraire du pouvoir. Le droit de coalition est atteint dans son principe par la brutalité de la répression gouvernementale. L'Etat refuse aux fonctionnaires la faculté d'exprimer leur opinion. Il les brise lorsqu'ils lui résistent. Il les prétend réduire à une sorte de servitude dont ils n'acceptent pas, au moins dans leur élite, l'humiliation. Les uns et les autres, enfin, éprouvent qu'à la précarité de leurs moyens s'ajoute l'insécurité générale, inséparable du régime capitaliste fauteur de guerres. »

En face de cette situation, le Parti communiste estime indispensable de mettre debout une organisation solide de défense prolétarienne. C'est pourquoi il a choisi le mot d'ordre de l'Unité de front. Il appelle à lutter avec lui, pour des buts concrets, l'ensemble des organisations qui se réclament de la classe ouvrière. « Il ne leur demande aucune abdication et il n'en consentira pas pour sa part. » Il les place devant leurs responsabilités. Le salaire, le pain, le logement de l'ouvrier, voilà des revendications qui sont communes au prolétariat tout entier. Une action énergique est à entreprendre pour les faire aboutir. Le Parti communiste vous offre de la mener avec lui. Vous vous affirmez parti prolétarien. Vous vous réclamez de la lutte de classes. Eh bien ! c'est sur un terrain de classe et par les moyens qui sont ceux du mouvement ouvrier, que nous vous invitons à vous joindre à nous, en pleine indépendance, pour un temps limité, dans des conditions à débattre et qui nous garantissent, les uns et les autres, contre des manœuvres déloyales... Il ne s'agit, en fait, ni de vous, ni de nous, ni de vos intérêts de Parti, ni des nôtres, mais du prolétariat menacé dans sa vie même, et que seule l'Unité de front peut aider à passer d'une résistance efficace à une offensive victorieuse.

Vous nous reprochez de vous avoir durement traités. Nous n'aurions pas de peine à établir que vous n'êtes pas en reste avec nous. Mais que servirait de dresser un bilan de nos aménités réciproques et quel poids pèserait-il au regard de la grande misère des travailleurs ? Nos préoccupations d'amour-propre domineraient-elles le souci de nos devoirs envers notre classe ? Subordonnerions-nous les seconds aux premières ? Nous nous demandons, en vain, dans quel « piège » vous courez le risque de tomber. En admettant que nous ne vous proposions le front unique que pour nous armer contre vous de votre refus, il suffit que vous acceptiez pour déjouer ce machiavélique dessein. Le Comité directeur ne considère donc pas comme décisives vos objections. Il vous invite à soumettre à un nouvel examen ses propositions. Une fois accepté le principe de l'action commune, il est à votre disposition, avec les organisations qui ont déjà répondu à son appel, pour en arrêter avec vous les modalités.

Si votre Parti n'a pas d'autre désir que prendre des sûretés, au demeurant légitimes, avant de s'engager d'une manière définitive, il a satisfaction puisque la discussion reste ouverte. Si sous prétexte de n'avoir pas obtenu du Parti communiste, solidaire de l'Internationale et de ses militants, une déclaration qui serait un désaveu et une humiliation, le Parti socialiste, sans s'arrêter aux intérêts de classe en cause, nous opposait une fin de non-recevoir, nous aurions le droit de dire que c'est lui qui se sert du front unique pour une manœuvre de Parti.

Recevez, citoyen secrétaire, nos salutations communistes.

Le Secrétaire général du Parti,
L.-O. Frossard.

La réponse du Parti socialiste

Paris, le 6 décembre 1922.

Citoyen secrétaire,

Nous vous avions demandé, sous forme de question préalable, de bien vouloir préciser les conditions dans lesquelles vous conceviez l'action projetée et de définir nettement votre méthode de front unique.

Vous nous répondez que vous estimez « *n'avoir pas à soumettre à un nouvel examen une question que vos Congrès nationaux et internationaux ont tranchée.* »

Ainsi donc, vous faites vôtre, une fois de plus, la doctrine de Moscou sur le cas particulier qui nous occupe.

Pour la clarté de ce débat ouvert devant l'opinion ouvrière, devant toute l'opinion publique de ce pays, et pour bien établir les responsabilités de chacun, il est utile d'en rappeler les points principaux. Nous nous bornerons à quelques citations essentielles.

Dans une lettre au P. C. français sur le front unique, l'Exécutif de Moscou déclare :

« *Nous avons besoin d'une politique d'initiative offensive qui détruise toute cohésion dans le camp de nos adversaires conservateurs; ceux-ci ne se maintiennent dans le mouvement ouvrier que par suite de notre manque d'initiative.* »

Le citoyen Zinoviev commente la chose en ces termes :

« *Pour bien manœuvrer contre les réformistes et les demi-réformistes, pour enlever à ces derniers, sous le mot d'ordre du front unique, de nouvelles couches d'ouvriers, il faut que le manœuvrier, c'est-à-dire le P. C. lui-même, se tienne fortement sur ses jambes.* »

Le citoyen Albert Treint — l'un des leaders de cette gauche à l'adresse de qui le citoyen Zinoviev vient de dire au IVe Congrès mondial : « Nous acceptons tout ce que les camarades de cette tendance ont fait » — le citoyen Treint a indiqué en termes imagés le but du front unique :

« *Nous nous rapprochons des chefs réformistes, c'est entendu, chaque fois qu'il s'agit d'une action précise; puis, l'action terminée, nous nous en éloignons; nous nous rapprochons et nous nous éloignons d'eux alternativement comme la main se rapproche et s'éloigne de la volaille à plumer.* »

Enfin, le citoyen Zinoviev, parlant avec toute l'autorité que lui donnent ses hautes fonctions, a confirmé au IVe Congrès mondial toutes les thèses précédentes :

« Chacun de nous se laisserait plutôt couper le bras que de conclure une alliance avec les plus grands traîtres de la classe ouvrière...

« Au moment où l'Internationale communiste doit devenir une organisation universelle et centralisée du prolétariat, où une grande campagne doit être menée contre la IIᵉ Internationale au moyen de la tactique du front unique, une discipline de fer, ou tout simplement une discipline prolétarienne, devrait régner dans nos rangs. »

De son côté, Radek déclare (IVᵉ Congrès, séance du 17 novembre 1922) : *« Nous allons être pour la tactique du front unique, aussi longtemps que nous serons les plus faibles ».*

Et comme s'il fallait une consécration officielle à toute cette littérature et à tous ces procédés, le IVᵉ Congrès en entier, y compris le vote de la délégation française, a ratifié tout le plan de bataille d'hier et d'aujourd'hui :

« Le IVᵉ Congrès de l'I. C. sanctionne tout particulièrement la tactique du front unique, telle qu'elle fut formulée par l'Exécutif dans les directives indiquées en décembre 1921 et dans les autres documents produits par l'Exécutif sur cette question. »

Telle est la doctrine, tel est le but.

Qu'après cela, le secrétaire général de votre Parti affirme que vous n'avez aucune arrière-pensée de parti, vous conviendrez que c'est une dérision.

N'avait-il pas, au surplus, dès le mois d'octobre, au moment même où il se ralliait au front unique, révélé ses véritables intentions ?

« Faut-il, disait-il, nous obstiner ? Essayer de dresser encore une fois notre Parti, chauffé à blanc, contre la tactique du front unique ? Et puis, quand nous aurons développé en lui un état d'esprit capable de le porter à une plus grande résistance contre les décisions — hors de doute dès maintenant — du IVᵉ Congrès mondial, quelle position prendrons-nous ? Nous dirons : « Eh bien, soit ! Le Congrès a parlé. Inclinons-nous ! »

« Ah ! camarades, dans quelles conditions nous inclinerions-nous au lendemain de ce Congrès mondial dont nous sommes disposés dès à présent à enregistrer, à appliquer les décisions, si nous ne nous préparions pas dès maintenant à en rendre l'application aisée, comme le commandent les intérêts de notre Parti ? »

Aujourd'hui, dans votre réponse, vous nous écrivez :

« Il ne s'agit, en fait, ni de vous, ni de nous, ni de vos intérêts de Parti, ni des nôtres, mais du prolétariat menacé dans sa vie même... »

Nous ne nous chargeons pas de résoudre ces contradictions grossières où s'étalent l'évidence de vos mauvais desseins en même temps que le désarroi politique et moral où votre organisation et vos militants sont plongés.

Nous vous prions de croire que notre attitude n'est dictée, ni par le souvenir des injures personnelles ou collectives, ni par des considérations d'amour-propre.

Il s'agit de tout autre chose, il s'agit de votre doctrine générale de front unique, qui, revendiquée une fois de plus par vous, met tout Parti sérieux dans l'impossibilité politique et morale de répondre favorablement à une proposition dont l'absence de sincérité est éclatante.

Nous n'entendons être en aucune manière les dupes d'une manœuvre que tantôt vous avouez cyniquement dans la théorie, tantôt vous essayez de masquer dans la pratique.

Lénine n'a-t-il pas conseillé (*Maladie Infantile du Communisme*, page 55) « *d'user de tous les stratagèmes, de ruse, de se taire parfois, parfois de voiler la vérité* » ?

Il vous eût fallu changer ces manières pour qu'entre nous « des discussions loyales et complètes » que nous avions réclamées aboutissent à un autre résultat.

Vous nous menacez, si nous ne voulons pas nous laisser « manœuvrer », de nous rendre responsables des divisions ouvrières.

Le spectre de la scission vous suit et vous obsède.

Le citoyen Zinoviev (les *Investia* du 11 novembre 1922) révèle ce côté intéressant de vos préoccupations :

« *La tactique du front unique nous a déjà valu des avantages appréciables. Grâce à elle nous avons obtenu que la classe ouvrière ne nous considère plus comme les responsables de la division : elle en attribue maintenant la responsabilité à nos ennemis.* »

Ce n'est pas qu'on cherche, avec le cynisme habituel, à dissimuler les agissements passés, car Zinoviev ajoute aussitôt :

« *Avant, il nous a fallu briser coûte que coûte l'unité de la vieille social-démocratie pour créer un point de ralliement pour le véritable mouvement émancipateur de notre classe, pour créer le parti communiste. Dans cette période, nous avons dû agir en pionniers de la division.* »

Vous-mêmes, communistes français, qui aviez tout d'abord exploité contre nous la scission, convenez maintenant qu'elle fut voulue et préparée par vous.

« *Le Parti communiste*, écrit votre Bureau politique, *croit à la nécessité de la scission politique qui permet aux révolution-*

naires, libérés de la confusion réformiste, de préparer l'instrument solide de la libération prolétarienne. »

Pionniers et artisans de la division, vous portez donc seuls la responsabilité de l'affaiblissement du mouvement ouvrier depuis deux ans, dans notre pays, comme vous êtes seuls responsables, par vos théories abracadabrantes du front unique et les buts misérables que vous assignez à celui-ci, de l'impossibilité actuelle de toute action commune.

Ces responsabilités seront sur vous jusqu'au jour où vous apporterez une conception plus saine et plus loyale du front unique dont le développement naturel, dans notre pensée, amènerait un jour l'unité véritable.

Nous ferons rapport des négociations engagées au prochain Congrès de notre Parti, qui statuera définitivement. Nous sommes certains, par avance, d'avoir exprimé les sentiments unanimes de nos camarades.

Nous croyons devoir ajouter que les infranchissables obstacles à toute action commune, dressés par vous, par vos méthodes et vos conceptions, ne sauraient en tout cas diminuer l'intensité de notre propre effort en faveur de l'amnistie, de la défense des huit heures, des salaires, de la liberté d'opinion de tous les citoyens, y compris les fonctionnaires de toutes administrations, et aussi pour le relèvement de l'Europe et la Paix du monde. Nous continuerons à lutter opiniâtrement et sans défaillance pour mieux armer la classe ouvrière dans sa résistance et ses combats contre l'oppression capitaliste et gouvernementale.

Vous reconnaissez maintenant la gravité de la situation, vous en proclamez le péril ! Le tableau n'était-il donc pas aussi sombre, il y a deux ans, quand vous n'avez pas hésité à briser avec l'unité, l'élan de la classe ouvrière ?

Les leçons terribles de cette période ne vous ont donc rien appris ? La scission est définitive, dites-vous, et votre secrétaire général déclare « ne pas la regretter ». Soit !

Quant à nous, pénétrés de nos devoirs vis-à-vis du prolétariat, et soucieux de ne rien faire qui puisse affaiblir ses forces et sa résistance, nous avons pris la décision de demander à nos militants de mener plus activement à travers le pays la bataille pour l'amnistie et d'une façon générale pour l'ensemble des questions, les plus vitales, de l'heure présente ; de demander à nos propagandistes de ne jamais aller sur ce terrain en contradiction avec les vôtres ; de prier les hommes sur lesquels s'exerce notre influence d'éviter de troubler vos réunions et manifestations, de ne plus donner aux mêmes tribunes le spectacle déprimant de nos disputes.

Nous vous demandons formellement de prendre le même engagement.

Une fois de plus, nous vous mettons en présence de vos responsabilités.

Si vous acceptez, le prolétariat, en fin de compte, sera juge des doctrines et des méthodes que nous lui soumettrons les uns et les autres, chacun de notre côté, dans le calme et la dignité retrouvés des réunions populaires.

Agréez, citoyen, nos salutations socialistes.

Le Secrétaire général, PAUL FAURE.

XVII. — **La discipline et le respect des décisions du Parti**

La C. A. P. n'a pas eu à intervenir et n'a pas à saisir le Parti de cas graves de violations de résolutions de nos Congrès.

Elle s'est toujours efforcée d'appeler l'attention des militants sur la force que constituait pour le Parti le respect d'une discipline librement consentie.

Aux organisations qui la consultèrent, comme la Fédération du Cher, sur des actions à mener à côté de celle du Parti (Cartel de Salut social), elle indiqua que le devoir primordial des adhérents était de consacrer leur activité politique à l'action socialiste.

Elle fut saisie de l'émotion soulevée dans certaines Fédérations (Seine, etc.) par des déclarations isolées de militants relativement aux rapports du socialisme avec les autres Partis politiques. Constatant, d'autre part, que la campagne électorale des 14-21 mai avait été menée, dans son ensemble, sur le terrain socialiste, elle décida de définir à nouveau, dans une circulaire aux Fédérations, la politique affirmée par les Congrès socialistes. En voici le texte, qui fut voté à l'unanimité moins deux voix :

Les élections cantonales viennent de se terminer.

Pour la première fois depuis Tours, notre Parti a pris la mesure de sa force. Le succès qu'il vient de remporter a passé les plus audacieuses espérances.

Nous pouvons affirmer aujourd'hui, avec une joie et une

confiance redoublées, que le socialisme, sauvé par notre commun effort, a conservé auprès des masses populaires toute sa puissance d'attraction et de rayonnement.

Au premier tour, en dépit des conditions particulièrement défavorables du scrutin, nous avons groupé plus de 540.000 voix sur notre programme de pleine affirmation socialiste. Au second tour, fidèles à notre tactique traditionnelle, nous avons achevé la défaite du Bloc National « ne nous reconnaissant obligés, comme disait Jaurès dans la résolution d'Amiens, qu'envers la cause du prolétariat et du socialisme, mais ne la séparant pas de la République, de la laïcité et de la paix ».

L'échec sanglant que vient de subir le Bloc National est le présage et le prélude de la débâcle définitive qui l'attend aux élections de 1924. La C. A. P. ne s'étonne donc pas que, dans leur impatience de balayer ce cynique syndicat de réaction capitaliste, militariste et cléricale, un certain nombre de militants se préoccupent déjà de préparer, avec les meilleures conditions de succès, la prochaine campagne électorale. Mais elle obéit à son devoir strict en leur rappelant les règles que les décisions réitérées du Parti leur imposent à cet égard.

*
* *

Le dernier Congrès national a décidé que « les règles d'action pour la tactique électorale du Parti demeurent valables jusqu'à ce qu'un Congrès, ayant eu à examiner des circonstances nouvelles en ait autrement décidé ».

La C. A. P. n'a ni l'intention, ni le pouvoir d'entreprendre en quoi que ce soit sur la liberté d'appréciation et la souveraineté de décision des futurs Congrès ; mais elle est chargée par les statuts de surveiller l'exécution des résolutions en vigueur. Et ces résolutions, depuis Chalon — le premier Congrès après l'unité — jusqu'à Strasbourg, le dernier Congrès avant la scission — forment un corps de doctrines, continu et cohérent qui doit gouverner l'action présente de toutes les Fédérations et de tous les militants du Parti.

C'est comme Parti de classe que le socialisme engage la bataille électorale. Ce sont des candidatures de classe qu'il présente partout au premier tour (Chalon, 1905). C'est son programme de classe qu'il oppose à tous les Partis de la bourgeoisie, à leurs programmes ou rétrogrades, ou vagues, ou fragmentaires (Toulouse 1908). Il sait assurément distinguer entre les divers Partis de la bourgeoisie ceux qui menacent le plus la classe ouvrière et le socialisme (Amiens, 1914). Mais, même lorsqu'il met en échec, au profit d'autres fractions bourgeoises, le nationalisme réacteur qu'il déteste et dénonce entre tous, il agit encore en tant que Parti de la classe ouvrière et de la Révolution (Nîmes, 1910). Il écarte toute alliance politique, toute coalition électorale avec d'autres partis, qui ne pourraient avoir d'autre conséquence que d'atténuer son caractère et sa doctrine et d'affaiblir sa vigueur combattante (Amiens, 1914). Des combinaisons de cet ordre ne sont d'ailleurs, à aucun degré, la condition de son action républicaine. Car le socialisme français, en tant que tel, a toujours été la sauvegarde de la République et il n'abandonnera pas cette glorieuse tradition (Amiens, 1914; Strasbourg, 1920).

*
* *

Au lendemain d'une consultation à deux tours de scrutin, qui a permis d'affirmer ces principes dans toute leur netteté et dans toute leur plénitude, la C. A. P. trouve utile de les placer à nouveau sous les yeux des militants.

Sans doute, la prochaine campagne électorale doit être préparée dès à présent, mais elle doit l'être conformément à ces principes, c'est-à-dire par la diffusion incessante de la doctrine, par un effort ininterrompu de recrutement et d'organisation.

C'est à cet effort que les militants doivent consacrer leur activité entière. Et il est à peine besoin de leur rappeler qu'en donnant une part quelconque de cette activité, ou même en adhérant à d'autres organisations politiques — fût-ce à celles qui, comme la Ligue de la République, se défendent d'être un Parti, — ils se placeraient en contradiction directe avec la pratique traditionnelle du Parti socialiste, nécessairement distinct de toute autre organisation politique, comme la classe ouvrière qu'il représente est distincte de la classe bourgeoise.

Toute autre tactique aurait pour résultat d'interrompre en fait, d'ici jusqu'aux prochaines élections, la propagande spécifiquement socialiste, de jeter la confusion dans l'esprit des masses ouvrières, de paralyser la liberté d'action du Parti, de le conduire au jour du scrutin, quelles que soient d'ailleurs les conditions dans lesquelles le scrutin se présente, dans un état d'affaiblissement matériel et moral.

*
* *

La C. A. P. ne méconnaît nullement la force spontanée du mouvement qui entraîne aujourd'hui, contre la réaction symbolisée par le Bloc National, une portion croissante des forces démocratiques et républicaines. Elle ne méconnaît pas davantage les embarras particuliers dérivant, pour les élections législatives, d'un régime frelaté qui semble poser devant tous les Partis l'alternative de coalitions formées soit avec eux, soit contre eux, avec l'appât de primes ou de menace de pertes également iniques.

Mais le sentiment croissant de dégoût et de révolte qui se manifeste contre le Bloc National doit précisément être utilisé par la propagande socialiste pour ses propres fins. Elle le peut. Elle a le droit de le faire.

C'est le socialisme qui a, dès le premier jour, conduit la bataille contre le Bloc National. C'est le socialisme qui, sur tous les terrains, de politique intérieure et extérieure, a opposé aux gouvernants incapables du Bloc National les solutions de justice, d'ordre ou de progrès. C'est lui, plus que jamais, qui représente, contre une réaction haineuse et inepte, la seule sauvegarde réelle de la civilisation et de la République, de la raison et de la paix.

Et, d'autre part, s'il est vrai que le régime électoral actuel soit de nature à placer le Parti devant des difficultés particulières, la C. A. P. rappelle à tous les militants qu'il dépend en grande partie de leur action que ce régime ne s'applique plus aux prochaines consultations législatives.

Dans son Congrès de 1921, le Parti a marqué, à cet égard, sa volonté unanime. Il n'entend pas retourner, au profit de telle ou telle combinaison nouvelle, les vices cent fois dénoncés de la loi actuelle; il n'entend pas davantage en subir l'effet une seconde fois; il entend les faire disparaître. Le mandat qu'il a confié à ses organes directeurs est de déployer tout l'effort nécessaire pour remplacer une grossière caricature de R. P. par la R. P. « juste et loyale » qui, en assurant la répartition équitable des sièges, enlève tout profit comme tout péril aux coalitions, protège à la fois l'autonomie nécessaire des partis et les intérêts communs de la Démocratie.

La C. A. P. convie à son tour à cette tâche de propagande les Fédérations et les militants; elle leur demande d'y apporter une activité plus ardente et plus confiante que jamais. Les succès remportés le 14 et le 21 mai par la seule puissance de notre doctrine et de notre organisation doivent être, pour tous, le meilleur réconfort, la meilleure garantie des victoires prochaines.

Nous avons préservé, en France, l'intégrité du socialisme, nous saurons assurer son triomphe grâce à cet enthousiasme, à cette foi prolétarienne auxquels on n'adresse jamais en vain appel.

A l'occasion de la divergence de vote qui s'était produite à la Chambre entre les élus du Parti sur l'ordre du jour clôturant l'interpellation sur les responsabilités de la guerre, la C. A. P., à l'unanimité moins deux abstentions, mandata le secrétaire général pour exprimer les regrets de la Commission dans une lettre au Groupe socialiste au Parlement. Ce dernier en prit acte lors de sa séance de rentrée, en octobre.

*
* *

Saisie, en août, par la Fédération de la Seine de la question de la collaboration de socialistes aux journaux bourgeois, elle votait l'ordre du jour suivant :

« La C. A. P. fait sien l'ordre du jour voté le 31 juillet « par le Conseil fédéral de la Seine relativement à la collaboration des élus socialistes aux journaux de Paris « étrangers au Parti.

« La C. A. P., estimant que rien dans les statuts ne lui « permet d'intervenir; mais à cause de la situation spéciale dans laquelle se trouve *Le Populaire*, en pleine « période de propagande et de développement, et en raison « des sacrifices demandés aux membres du Parti, elle « transmettra l'ordre du jour du Conseil fédéral de la « Seine aux camarades en question en leur indiquant « qu'elle laisse à leur conscience socialiste le soin de dicter « leur attitude. »

*
* *

Enfin, le 21 novembre, le Secrétariat général était mandaté pour intervenir amicalement auprès de deux membres du Groupe socialiste au Parlement au sujet d'articles relatifs à la R. P., réforme qui fut unanimement réclamée par les Congrès du Parti.

Remerciements

A la fin de l'an dernier, le bureau de la C. A. P. recevait d'un vétéran des luttes socialistes, le camarade Gautrin-Giot, ancien membre du Parti ouvrier, un don précieux, constituant un excellent fonds pour les archives du Parti à reconstituer.

Il consiste en collections complètes de : *La Petite République* socialiste, *Le Petit Sou*, *l'Humanité*, *le Sociali te du P. O. F. et du P. S. de F.*, la revue *Le Mouvement Socialiste*, *L'Avenir*, *Les Documents du Progrès*, *Le Socialisme*, *etc.*, etc. Et aussi des reliques : « la serviette de Karl Marx » et des manuscrits et autographes de Paul Lafargue.

Le camarade F. Jeandot, bon militant de Saône-et-Loire, envoie au Parti l'urne de vote du Congrès de Chalon, qui fut le premier Congrès national après l'unité, et dans laquelle se confondirent les bulletins de vote de Jules Guesde, de Jaurès, de Vaillant.

A nos deux excellents camarades, les remerciements du Parti.

Rapport du Groupe Socialiste au Parlement

présenté par Léon Blum

Les Fédérations trouveront ci-dessous l'exposé raisonné et le tableau méthodique de l'action du Groupe parlementaire depuis le XIX⁰ Congrès national jusqu'au 15 décembre 1922, c'est-à-dire durant une année complète. Le Groupe, le soumet avec confiance au jugement du Parti.

Dans son dernier rapport, le premier qu'il présentât depuis la scission de Tours, le Groupe rappelait les principes traditionnels et les textes positifs qui règlent son activité. Résolution du Congrès International d'Amsterdam, aux termes de laquelle les représentants des Partis socialistes dans les Parlements sont chargés d'une double tâche : d'une part la propagande générale sur le but final du socialisme, d'autre part la défense des intérêts ouvriers et des libertés politiques, la lutte contre le militarisme et l'impérialisme, le perfectionnement de la législation sociale. Pacte d'unité du 13 janvier 1905, confirmé par l'article 44 du règlement du Parti, qui prescrit au Groupe « de se consacrer à la défense et à l'extension des libertés et des droits des travailleurs, à la poursuite et à la réalisation des réformes qui améliorent les conditions de vie et de lutte de la classe ouvrière ».

Le Groupe a conscience d'avoir rempli de son mieux cette mission complexe. Il a poursuivi sa tâche de propagande « sur le but final du socialisme » au Parlement même, et dans l'ensemble du pays. Au Parlement, en profitant de toutes les occasions qui lui étaient offertes ou qu'il pouvait susciter pour jeter du haut de la tribune la pleine affirmation, la pleine revendication du socialisme, en rattachant à la question essentielle du régime de la propriété les multiples incidents de la vie politique, en montrant sans se lasser que la critique socialiste est au cœur de tous les problèmes, que la doctrine socialiste est au bout de toutes les solutions... Dans l'ensemble du pays, en prêtant le concours de ses membres à un nombre croissant de réunions dont on trouvera ci-après le détail.

Certes, nous n'avons pu satisfaire à toutes les demandes, à tous les besoins. Nous savons quel effort de propagande exigeaient la reconstitution si difficile du Parti après Tours, et aujourd'hui sa croissance si rapide et si heureuse. Mais nous prions le Parti de considérer que notre effectif parlementaire est faible, plus faible qu'il ne l'a été depuis de longues années, et réduit sans cesse depuis le début de la législature par les pertes et par les deuils. Nous le prions de faire état des charges et des devoirs qui pèsent d'autre part sur un certain nombre d'entre nous, par exemple sur ceux de nos camarades qui dirigent d'importantes municipalités. Nous le prions surtout, pour rectifier des comparaisons erronées, de se souvenir que, pour nous socialistes, la propagande n'est pas la tâche unique qui nous soit imposée. Le Groupe parlementaire, selon la conception socialiste, ne se borne pas à laisser un piquet en faction au Parlement, pour s'y livrer de loin en loin à quelques manifestations verbales tandis que la masse des élus pourvoit à l'agitation dans le pays. Nous avons mission de nous mêler, avec suite et application, à la besogne parlementaire, d'y défendre, par une action de tous les instants, les droits et les intérêts de la classe ouvrière, constamment menacés ou mis en cause, de barrer la route à toutes les entreprises dirigées contre elle, de n'épargner aucun effort pour introduire dans la législation positive fut-ce la moindre parcelle de justice et de progrès.

En fait, nous avons pu prendre part à de nombreuses réunions, faire fonctionner à peu près régulièrement le système de roulement imaginé l'an dernier de concert avec la C. A. P., organiser dans un certain nombre de Fédérations ce que l'on a appelé des tournées massives, tout en remplissant pleinement notre mandat essentiel de surveillance, de contrôle, d'intervention parlementaires. Unique parti d'opposition constante et déterminée à tous les gouvernements qui se sont succédés depuis le début de la législature, nous avons incarné, au Parlement comme dans le pays, la lutte contre le Bloc National. Cette lutte nous l'avons menée les premiers, dans l'immense majorité des cas, nous l'avons menée et la menons seuls. Nous l'avons transportée sur tous les terrains, nous l'avons soutenue dans tous les débats: politique étrangère ou intérieure, politique financière ou fiscale, politique économique.

Notre effort continu de trois années a imposé à la pire majorité que la France ait connue depuis près de cinquante ans, la crainte, et parfois même le respect de l'action, de la pensée socialistes. Nos camarades, nous l'espérons, n'ont pas entièrement perdu le souvenir de ces grands débats : loi militaire, Budget, Réparations, Enseignement, loi de huit heures, Amnistie, Responsabilités de la guerre. Exempts de toute préoccupation immédiate, ne nous mêlant à la lutte des partis que dans la mesure et dans le sens où l'intérêt national et international des travailleurs s'y trouve engagé, nous avons toujours été inspirés par la même pensée: lutter contre la réaction chauvine qui compromet la paix du monde, briser la réaction capitaliste qui essaie tout à la fois d'arracher aux travailleurs les premières libertés si chèrement acquises et à la nation les derniers lambeaux de ses richesses collectives.

Ainsi que nous l'indiquions l'an dernier dans le rapport qui a reçu l'approbation unanime du Parti, nous ne nous en sommes pas tenus à cette forme d'opposition polémique. Chaque fois que les circonstances l'ont permis, nous avons au contraire essayé d'exprimer par des textes précis et positifs les contre-solutions inspirées de la doctrine socialiste. Nous l'avons fait dans le débat militaire où, après avoir proclamé devant la Chambre la doctrine purement socialiste du désarmement international, nous avons opposé au projet du Gouvernement un texte d'organisation directement tiré des travaux de Jaurès. Nous l'avons fait, pour ne pas rappeler d'autres exemples, dans les débats sur les réparations, en imposant à l'attention de nos pires adversaires, les plans précis préparés par le Parti et que se sont successivement appropriées les réunions internationales d'Amsterdam, de Paris, de Francfort et de La Haye. Nous ne jugeons pas négligeable de fournir ainsi à l'opinion, fut-ce la plus hostile, la preuve que le Parti socialiste, qui prétend à la totalité du pouvoir pour réaliser la totalité de sa doctrine, n'est pas tout à fait indigne de cette ambition. Et l'expérience nous prouve chaque jour que nos camarades des Fédérations apprécient une tactique qui leur fournit, pour la dure besogne quotidienne des militants, les arguments de persuasion les plus directs, et, par conséquent, les moyens de propagande les plus efficaces. D'autre part, cet effort de construction a déjà mis au point les principaux articles du programme d'action arrêté par le dernier Congrès. Et nous espérons que les circonstances nous permettront bientôt de remplir avec la même fidélité le mandat que ce même Congrès nous avait confié en ce qui concerne la législation électorale.

Comme l'an passé, nous sommes en droit d'affirmer que nos votes ont été presque toujours unanimes ; les occasions très rares où l'on pourra relever des divergences sont, en l'ensemble, négligeables. La vie intérieure du Groupe a toujours été empreinte d'une cordialité fraternelle, et tous ses membres sont animés du même souci de se maintenir en parfaite harmonie avec les organismes directeurs du Parti dont les décisions ou les directions demeurent pour nous la règle. En ce qui nous concerne, forts des résultats obtenus, sûrs de notre ardeur et de notre dévouement au socialisme, nous envisageons l'avenir avec une joyeuse confiance. Nous sommes convaincus que dès l'année prochaine, les résultats du puissant effort fourni depuis Tours deviendront manifestes, et qu'en réalité, après un arrêt ou un recul d'un instant, le socialisme a déjà repris sa marche victorieuse.

Le secrétaire du Groupe,
Léon Blum.

Travaux, Réunions et Interventions du Groupe

résumés par Hubert Rouger

Secrétaire administratif

Le Groupe socialiste au Parlement, qui comptait au 2 novembre 1921 cinquante-cinq membres, dont deux sénateurs, n'en comprend plus que cinquante-deux à l'heure présente, ayant eu à déplorer la perte de Jules Guesde, Marcel Sembat, Olivier Deguise.

La propagande

Il convient de rappeler que les réunions données par les élus dans les limites de leur Fédération ne sont pas comprises dans les réunions qui furent données avec leur concours.

Le relevé est arrêté au 30 novembre 1922.

1 élu a pris part à 43 réunions : *Compère-Morel* = 43 ;
1 élu à 26 réunions : *Léon Blum* = 26 ;
1 élu à 25 réunions : *Georges Richard* = 25 ;
1 élu à 23 réunions : *Lobet* = 23 ;
1 élu à 20 réunions : *Jean Félix* = 20 ;
1 élu à 19 réunions : *Bracke* = 19 ;
1 élu à 17 réunions : *Jean Mouret* = 17 ;
5 élus à 16 réunions : *Vincent Auriol, Saint-Venant, Aubry, Mistral, Sembat* = 80 ;
3 élus à 15 réunions : *Jean Parvy, Masson, Paul Boncour* = 45 ;
2 élus à 13 réunions : *Chaussy, Jean Locquin* = 26 ;
2 élus à 12 réunions : *Plet, Varenne* = 24 ;

3 élus à 11 réunions: *Goude, F. Lefebvre, J. Uhry* = 33;
1 élu à 10 réunions: *Chauly* = 10;
3 élus à 9 réunions: *R. Evrard, J. Lebas, Valière* = 27;
2 élus à 8 réunions: *Couteaux, Ferrand* = 16;
4 élus à 7 réunions: *Barthe, Cadot, Inghels, Piton* = 28;
2 élus à 6 réunions: *Maës, F. Morin* = 12;
8 élus à 5 réunions : *C. Bernard, Canavelli, Escoffier, Goniaux, Pressemane, Ringuier, Bouveri, Fourment* = 40;
1 élu à 4 réunions: *Rognon* = 4;
3 élus à 2 réunions: *Bouisson, Buisset, Moutet* = 6;
2 élus à 1 réunion: *Claussat, Laudier* = 2.

C'est donc un total de 526 réunions (1) auxquelles participèrent 48 élus sur 55.

L'unité du vote

Dans la session extraordinaire de 1921 et du 10 janvier au 30 novembre 1922, la Chambre a procédé à 256 scrutins. D'après l'*Officiel*, une dizaine de scrutins ont fait apparaître des divergences de vote. Six sont dues à des erreurs matérielles. Il n'y a eu donc, en réalité, que quatre scrutins sur lesquels les membres du Groupe se sont séparés.

Le scrutin *458* du 6 décembre 1921 sur le recensement de la classe 22, tous les membres du Groupe votent pour, sauf F. Morin qui s'abstient;

Sur l'incorporation, unanimité contre;

Le scrutin *480*, du 14 décembre, sur l'ensemble du budget, tous contre, sauf Barthe et Félix qui se sont obstenus;

Sur l'interpellation sur les responsabilités de la guerre, trois votes :

1° Sur l'affichage du discours Viviani, tous abstenus;

2° Sur la demande d'enquête, tous pour;

---

(1) Si le total ne correspond pas avec le total du tableau général de la propagande dans les départements, c'est que, d'une part, les élus firent un certain nombre de conférences à l'étranger qui sont portées à leur actif et, d'autre part, que plusieurs parlèrent parfois dans la même réunion.

3° Sur le scrutin *623*, ordre du jour de confiance du 6 juillet, 45 contre, 2 en congé et 6 abstentions: Barthe, Félix, Goniaux, Paul Boncour, Ringuier, A. Varenne;

Enfin, le scrutin *631*, amendement Moro-Giafferi sur la loi abrogeant celle sur la répression des spéculations illicites, tous pour, sauf Pressemane qui s'est abstenu.

Le budget de 1922

Mis en chantier le 28 novembre 1921 et voté en vitesse, le Groupe socialiste pût cependant faire entendre une série de critiques et de protestations.

Dans la discussion générale du budget de l'HYGIÈNE ET LA PRÉVOYANCE SOCIALES (28 novembre), *Masson* et *Aubry* examinèrent la parcimonieuse dotation de ce parent pauvre, indigne d'une grande nation civilisatrice: insuffisance de crédits pour l'assistance aux vieillards, aux familles nombreuses, aux femmes en couches, aux enfants assistés; modicité des ressources affectées à la lutte contre les fléaux sociaux : tuberculose, cancer, syphilis, alcoolisme; état critique des établissements hospitaliers, précarité des œuvres d'hospitalisation et d'habitations à bon marché.

Sur lés chapitres: *E. Rognon, Barthe, Canavelli, Aubry.*

INTÉRIEUR (29 novembre). — *Jean Félix* réclama la suppression des fonds secrets maintenus par 492 contre 73, ces derniers presque tous socialistes.

Deguise, Mistral, Léon Blum, sur les chapitres.

MARINE MARCHANDE (30 novembre). — *Bouisson* fit la démonstration que, seule, une flotte d'Etat pouvait rendre les services attendus par l'Algérie, la Corse et les colonies. Il insista sur les pires conditions dans lesquelles s'était opérée la liquidation de la flotte d'Etat pour le plus grand profit des armateurs s'opposant à sa remise entre les mains des Inscrits.

Sur les chapitres: *Masson* et *Jean Félix.*

PENSIONS (1er décembre). — Observations générales de *Deguise.*

AGRICULTURE (2, 3 et 5 décembre). — Exposé de la politique agraire du Parti socialiste par *Compère-Morel*, dont l'application donnerait une vigoureuse impulsion à l'agriculture nationale, les sacrifices qu'elle comporterait de la part du Trésor étant recouvrés amplement par le développement de la production agricole qu'elle provoquerait.

Sur les chapitres : *Barthe, Compère-Morel, Goniaux, Inghels*.

MARINE (5 et 6 décembre). — *Goude* s'élève contre la compression des dépenses productives et l'augmentation de celles qui sont contestables. Il signala les gaspillages et la gabegie dans les administrations, gaspillages et gabegie qui disparaîtraient dans une société collectiviste au sein de laquelle la production ne serait pas basée sur le profit.

Sur les chapitres : *Goude, Locquin, Bouisson* protestèrent contre le désir manifesté de supprimer des arsenaux, alors que les chapitres concernant l'industrie privée ne subissent aucune réduction.

TRAVAUX PUBLICS (7 décembre). — Interventions de *Deguise, Barthe, Mistral, Auriol*.

CHEMINS DE FER. — Série de questions de *Léon Blum* établissant :

1° Qu'il y a davantage de mutilés employés sur le réseau de l'Etat que dans une Compagnie qu'on aime à comparer, l'Orléans ;

3° Que la proportion d'employés temporaires est plus grande sur l'Orléans que sur l'Etat ;

3° Qu'on a passé par profits et pertes une fourniture de charbon s'élevant à 70 millions due par la Compagnie du Nord, que l'Etat paie le charbon allemand 20 et 30 francs plus cher, alors que les autres réseaux ne sont pas astreints à la même obligation de se fournir en charbons allemands, ce qui fausse les éléments de comparaison dans l'exploitation des différents réseaux.

GUERRE (8-9 décembre). — *Varenne* réclame des réductions de crédit et *Blum*, dans son intervention proclame que les socialistes prennent leur responsabilité en faisant confiance au républicanisme des ouvriers d'Allemagne.

Observations de *Paul Boncour, Barthe, Auriol*.

Finances (9 décembre). — Le budget est voté en quelques quarts d'heure; cependant *Rognon* et *Locquin* parviennent à placer quelques observations.

Travail (9 décembre). — *Lebas* contre la suppression de l'indemnité de cherté de vie, contre les suppressions de crédits pour fonds de chômage, et pour la réorganisation de l'inspection du travail et le respect de la loi de 8 heures, revendication légitime du mouvement ouvrier international.

Colonies (10 décembre). — Intervention de *Barthe* pour une politique cotonnière aux colonies, afin de restreindre l'importation étrangère.

Instruction publique (10 et 11 décembre). — Intervention d'*Aubry* revendiquant l'enseignement gratuit à tous les degrés, analysant la crise de l'enseignement primaire et réclamant pour les maîtres la liberté d'exprimer leurs opinions. Il s'éleva contre la rentrée des congrégations enseignantes.

Blum, Bracke, Moutet, sur les chapitres.

Affaires étrangères (12 décembre). — *Paul Boncour* en faveur du développement des œuvres de propagande artistique et littéraire à l'étranger; *Barthe*, sur les visites d'étudiants; *Sembat*, sur le silence observé par Briand, à Washington, sur la Société des Nations; *Moutet* s'opposa vivement au vote des crédits pour la Syrie et la Cilicie.

Les socialiste votèrent l'amendement Daladier réduisant les crédits qui furent votés par 407 contre 147.

Alsace-Lorraine (12 décembre). — Intervention de *J. Uhry* contre l'organisation exceptionnelle du Gouvernement général.

P. T. T. (13 décembre). — *Canavelli* et *Masson* préconisèrent la réorganisation en régie industrialisée avec collaboration des usagers et du personnel.

La Loi de Finances (14 décembre). — Elle fut bâclée en une séance. *Varenne, Betoulle, Canavelli* essayèrent vainement de faire abroger la disposition limitant à 30 p. 100 du revenu l'ensemble des contributions financières, qui met les communes dans l'impossibilité d'équilibrer leur budget.

Sur la taxe sur le chiffre d'affaires et à propos de la disposition accordant le forfait aux petits commerçants, *V. Auriol* en réclama le bénéfice pour les artisans et petits façonniers, on lui opposa l'irrecevabilité et le même truc parlementaire fut opposé à l'amendement *Auriol, Blum, Varenne, Lebas*, déposé au nom du Groupe à l'article 70 et ainsi conçu :

Après les mots « conformément aux lois existantes », ajouter les mots « sous réserve des modifications suivantes apportées à l'article 23 de la loi du 13 juillet 1917, modifiée par l'article 1er de la loi du 25 juin 1920 ».

' Chaque année, la loi de finances fixera le montant annuel de l'excédent des traitements, des salaires, indemnités et pensions soumis à l'impôt en tenant compte du minimum nécessaire d'existence établi par des Commissions paritaires composées également de représentants de l'Administration et des salariés

Exceptionnellement une loi spéciale fixera ce minimum d'existence pour l'exercice 1922.

En outre, tous les titres au porteur (rentes, actions, obligations, parts de fondateur, etc.) seront mis, dans un délai de deux mois, sous la forme nominative, de ce fait, les revenus prévus au tableau B seront augmentés de 500 millions.

Le vote de cet amendement aurait mis un terme aux poursuites dirigées contre les ouvriers dont le salaire insuffisant est doublement frappé par les impôts de consommation et par l'impôt direct.

329 voix contre 232 proclamèrent l'irrecevabilité.

Interventions diverses de *Blum, Varenne, Mistral* contre le recul de l'âge de la retraite, contre le droit d'entrée dans les musées, pour le relèvement des taux du barème de l'assistance aux vieillards, contre l'émission nouvelle de dix millions de Bons à court terme.

Léon Blum, au nom du Groupe, exposa les raisons doctrinales contre le régime social et les raisons d'opposition à la politique gouvernementale qui justifient le refus de voter le budget.

508 voix contre 65. Deux socialistes s'abstiennent.

Le budget des dépenses recouvrables

Pour dissimuler le déficit et équilibrer le budget de 1922 que le Bloc National voulait voter avant le 31 décembre, il avait disjoint le budget des Régions libérées et des Pensions, pour lequel on eut recours aux crédits provisoires. qui furent discutés les 27 et 31 janvier, les 2, 3, 7 et 9 février, etc., etc.

L. Ringuier, O. Deguise, Aubry, E. Rognon, R. Evrard, F. Lefebvre, A. Inghels, Basly, J. Uhry, L. Escoffier formulèrent une série de critiques et firent entendre les doléances des sinistrés et les justes revendications des pensionnés, anciens combattants.

Ils obligèrent le ministre Reibel à soutenir sans enthousiasme les engagements pris à Weisbaden.

Deux interventions, celle d'*Inghels* sur les scandales des Régions libérées : lourdes erreurs, abus, gaspillages (laines brutes achetées 50 francs. le kilo, revendues avariées 2 fr. 66), pratiques coupables, ruée des hommes d'affaires sur les ruines, scandaleux marchés, liquidation des stocks, bons de cession, avances aux gros sinistrés. mirages des promesse gouvernementales aux malheureux ; celle de *Ringuier* proposant à la Chambre une économie de deux milliards par l'abrogation des instructions ministérielles mettant à la charge de l'Etat 17 façons culturales, et dont, seuls, les gros terriens profiteront.

En mars, nouvelles interventions de *V. Auriol, Laudier, Deguise, Ringuier.*

Les Ministères

Pendant que le président du Conseil Briand était à Cannes, le clan clemenciste, en liaison avec le clan poincariste, sapèrent son ministère.

Revenu devant la Chambre le 14 janvier 1922, M. Briand envoya son portefeuille par dessus la tribune, à la tête des conjurés.

M. Poincaré prit le pouvoir et son équipe affronta le Parlement le jeudi 19 janvier.

Alexandre Varenne parla au nom du Groupe, dénonça le retour à la diplomatie secrète, s'éleva contre la politique de prohibition et de coercition et de représailles économiques que représentait le nouveau cabinet qui rencontrerait l'opposition du Groupe socialiste.

Paul Boncour, Blum, en de brèves interruptions, affirmèrent que le problème des réparations dépendait de celui de la reconstitution économique de l'Europe.

Claussat, Barthe, Pressemane, Mouret, Goude, Varenne fustigèrent en de vives apostrophes l'homme des trois ans et de la revanche.

L'ordre du jour socialiste :

La Chambre, estimant que, seule, une politique d'entente et de solidarité internationale permettra la reconstruction rapide et sûre des régions dévastées, le relèvement économique de la France et le rétablissement de la paix réelle, répudie la politique d'isolement, de diplomatie secrète et de recours à la force que représente le Gouvernement et qui risque de conduire l'Europe à de nouvelles guerres.

Et passe à l'ordre du jour.

ne fut pas adopté; les socialistes votèrent tous contre l'ordre du jour de confiance Arago, adopté par 434 voix contre 85.

La politique extérieure

Sembat avait essayé de questionner M. Briand, le 21 novembre, sur son attitude et ses déclarations à Washington, la Chambre avait renvoyé le débat, le président du Conseil refusant de répondre.

Les interpellations avaient été jointes à celles de la droite sur Gênes; elles vinrent en discussion les 24 et 31 mars et les 1er et 3 avril.

Moutet condamna la politique de faiblesse envers le Bloc National à Washington, et s'éleva contre la politique de contrainte qui donne une fâcheuse position à la France devant le monde pour aboutir à une dépense de 250 millions pour en faire rentrer 17. Il défendit l'ordre du jour socialiste ainsi rédigé :

La Chambre, estimant que le rétablissement véritable de la paix par la coopération confiante des peuples est la condition préalable et nécessaire de la constitution économique du monde ;
Considérant que cette paix exige :
La reprise des relations normales entre toutes les nations, quels que soient leur régime politique ;
Le désarmement terrestre et naval, par application des articles 8 et 10 du traité de Versailles ;
La substitution au nationalisme économique et à la politique de contrainte et de menace d'une action internationale assurant la réparation des dommages de guerre, la stabilisation des changes, la compensation des dettes et les crédits nécessaires à cette œuvre de relèvement et de salut de chacune des nations et de l'ensemble des peuples,
Invite le Gouvernement à poursuivre à Gênes la négociation d'accords basés sur ces principes essentiels, en démontrant ainsi, une fois de plus, au monde la politique de la France et en lui permettant de ne rien sacrifier des légitimes réparations qui lui sont dues.

L'ordre du jour de confiance fut voté par 465 contre 72, parmi ces derniers tous les socialistes.

Lors de la rentrée, après Pâques (23 mai), interpellations sur la Conférence de Gênes et la politique extérieure. *Marcel Sembat* expose le point de vue socialiste, s'élève contre les pratiques périmées de la diplomatie secrète, met en garde contre l'état d'esprit que fait naître en Angleterre la caricature de la France apparaissant sous un jour impérialiste ; dénonce la politique capitaliste dominée par les conflits des consortiums pétrolifères et préconise une véritable Société des Nations à laquelle adhéreraient tous les peuples. *Moutet* releva les affirmations belliqueuses de M. Poincaré.

En conclusion des débats, le Groupe socialiste avait déposé l'ordre du jour suivant :

La Chambre,
Considérant que la restauration de la France et la reconstitution de l'Europe, inséparables l'une de l'autre, ne peuvent être assurées que par un vaste effort d'entente et de coopération internationales, tendant à la réouverture des marchés et

spécialement du marché russe ; à la régularisation et à l'extension des échanges ; à la stabilisation des monnaies ; impliquent par conséquent la reprise entre les nations de relations normales en excluant au premier chef l'esprit de guerre, la préparation, la menace ou, à plus forte raison, l'application des mesures de force ;

Considérant que la politique représentée par M. Poincaré s'inspire de principes exactement contraires, et constitue le plus grave danger pour la restauration de la France comme pour la reconstitution morale et matérielle de l'Europe ;

Prononce une condamnation définitive contre cette politique déjà jugée par le pays, aux récentes élections cantonales

Et passe à l'ordre du jour.

Léon Blum expliqua que, seul, cet ordre du jour exprimait la pensée entière du Groupe, mais qu'étant donné que l'ordre du jour Renard exprimait avec clarté les divergences existant entre la politique du Groupe et celle du Gouvernement, et dans le désir de grouper la plus forte opposition, les socialistes voteraient l'ordre du jour Renard qui fut repoussé par 426 contre 143 socialistes, radicaux et communistes. Les socialistes votèrent contre la confiance adoptée par 436 contre 96.

Le 15 décembre 1922, retour de Londres, M. Poincaré s'expliqua devant la Chambre. On l'interpella. Le Groupe laissa le gouvernement aux prises avec les Clemencistes, et *Alexandre Varenne* soutint l'ordre du jour suivant déposé par le Groupe.

« La Chambre, condamnant la politique du Gouvernement, passe à l'ordre du jour. »

Ce fut l'ordre du jour pur et simple qui fut voté, avec signification de la confiance, par 486 voix contre 66, tous les socialistes votant contre.

Les responsabilités de la guerre

Une vieille interpellation sur la Tunisie mit aux prises les communistes et M. Poincaré au sujet des responsabilités de la guerre.

Léon Blum exposa la position prise par le Groupe socialiste et indiqua que les socialistes ne prêchent point la haine des individus mais celle du régime ; les rivalités capitalistes engendrent les conflits et les tueries internationales ; la responsabilité de M. Poincaré étant dans la politique nationaliste dont il est le symbole, les socialistes croient que la grandeur d'une nation réside dans sa volonté de lutter contre la guerre et pour la paix entre les peuples. *Bracke* soutint une demande d'enquête parlementaire proposée par le Groupe, demande repoussée par 501 voix contre 52 voix socialistes.

L'ordre du jour Siegfried proclamant les responsabilités allemandes fut voté par 502 voix contre 62, dont 45 socialistes ; 7 s'abstinrent.

Secours à la Russie

Le 16 février, M. F. Buisson questionne le président du Conseil.

Mistral demande la transformation de la question en interpellation ; la Chambre refuse par 446 voix contre 130.

En mars, *Chaussy* dépose, au nom du Groupe, un projet de résolution pour accorder aux affamés russes le secours de 200.000 quintaux de blé.

En mai, *Moutet*, au cours de la discussion des interpellations sur la politique extérieure, protesta contre la présence de M. Noulens, instigateur des entreprises Denikine et Vrangel, à la tête du Comité de secours à la Russie.

Les projets militaires

Le projet de recensement de la classe 22 fut discuté le 6 décembre.

Paul Boncour s'éleva contre la conception surannée, caduque et condamnée du vieux système militaire ; il en fit la critique aisée et indiqua que les socialistes voteraient le recensement, parce qu'avec le système de la nation armée ou des milices il y aurait un recensement, mais qu'ils refuseraient l'incorporation selon de vieilles méthodes inacceptables.

J. Uhry protesta contre la possibilité d'emploi de la force armée dans les grèves; *Laudier* et *Deguise* intervinrent sur les articles. Le recensement fut voté par 561 contre 16, dont 1 socialiste, et l'incorporation par 491 contre 68.

* *

Quarante mois après l'armistice, on discuta la nouvelle loi militaire qui, au lieu de marquer une diminution — sinon la disparition des charges militaires, consacre le vieux système militariste de l'état-major.

Le débat fut ouvert le 28 février et se poursuivit les 2, 9, 10, 14, 15, 16, 17, 21, 22, 28, 29 et 30 mars, 4 et 6 avril, 8, 13, 14, 20, 22 et 27 juin.

Le Groupe socialiste conforma son attitude au double principe : d'abord affirmation du but final du socialisme, ensuite obtenir le maximum en faveur de la classe ouvrière et paysanne dans le cadre même du régime social.

Mistral défendit la résolution suivante, signée par tout le Groupe :

La Chambre décide l'ajournement du débat sur le projet de recrutement de l'armée et invite le Gouvernement à proposer aux pays signataires du Traité de Versailles, puis à tous les pays :

1° Le désarmement général et simultané de toutes les nations, de façon à supprimer les armées permanentes et les flottes militaires d'Etat;

2° La constitution d'une force internationale destinée à faire exécuter les décisions du Conseil suprême de la Société des Nations et à donner à cette Société, en cas d'agression de la part d'un pays non contractant ou d'un pays qui violerait le contrat, un moyen de défense et d'action au service de toutes les nations associées.

Il affirma que lorsque le socialisme aura conquis les peuples, il les réunira sur tous les militarismes détruits.

Sembat soutint aussi la motion préjudicielle qui fut repoussée par 410 voix contre 71.

Paul Boncour défendit ensuite le contre-projet socialiste adopté par le Groupe, en conformité avec les lignes directrices données par le Congrès national et la C. A. P. Ce contre-projet s'inspire de la conception de Jaurès, sa réalisation s'opposerait à une guerre offensive, et permettrait le maximum de possibilités de défense en cas d'une agression. Il limite à 8 mois le temps de caserne, organise la réquisition des industries privées, utilise les réserves selon les méthodes de l'armée nouvelle.

Il fut repoussé par 398 voix contre 124 (scrutin du 29 mars 1922).

Ce contre-projet socialiste repoussé, le Groupe vota le contre-projet de M. Benazet (4 avril) et celui de M. Antériou-Daladier (6 avril), un an de service. Ces projets furent également rejetés par la Chambre.

Le Groupe vota également l'amendement Ossola (6 avril), 18 mois pour les classes 22, 23 et 24 et ensuite un an à partir de la classe 1925.

Les communistes s'abstinrent sur la motion *Mistral* et sur le contre-projet Paul-Boncour et votèrent les contre-projets Benazet, Antériou et l'amendement Ossola.

Sur l'ensemble voté le 27 juin, par 367 voix contre 204, *Paul Boncour* définit l'opposition du Groupe à cette loi qui allait paralyser l'activité économique du pays sans apporter une force à la défense nationale en cas d'agression et ne donnant aucune garantie contre les enrichissements injustifiés des profiteurs de guerre.

Le Groupe socialiste vota unanimement contre.

** **

Le 7 mars, le Groupe avait unanimement voté contre les crédits des troupes d'occupation, adoptés par 492 voix contre 69.

Le 23 juin, il manifesta son opposition aux expéditions en Orient en votant l'amendement Daladier invitant le Gouvernement à rappeler une partie des troupes, amendement repoussé par 374 voix contre 178; il vota aussi contre les crédits de 10 millions dont le Gouvernement obtint le vote par 384 voix contre 186.

** **

Le recensement et l'incorporation de la classe 1923 est voté le 11 décembre 1922, par 339 voix contre 220. Tous les socialistes votant contre.

La politique. financière

La préoccupation constante du Groupe fut de dénoncer la politique de folle imprévoyance du Gouvernement et de sa majorité. Il ne cessa, au cours des quatorze mois qui se sont écoulés, de faire entendre les avertissements au pays et d'opposer les solutions d'intérêt national préconisées par le Parti socialiste.

C'est en novembre 1921, au cours de l'interpellation qui prit les séances des 8, 9, 12, 15, 16, 17, 18, 23 et 24, que les orateurs du Groupe intervinrent :

Alexandre Varenne pour mettre à jour la supercherie qui consiste à cacher le déficit dans le budget extraordinaire, et éplucher le budget de la Guerre, nombre inusité d'employés au Ministère (20.534) alors qu'en 1914 ils étaient 4.506; gaspillages militaires dévoilés (un officier par quinze hommes, etc.) ; forte critique des fraudes fiscales des enrichis de la guerre, déserteurs fiscaux ;

Vincent Auriol fit une critique sévère du budget, révéla le déficit réel dissimulé par le gonflement imprudent des prévisions de recettes et préconisa l'équilibre du budget normal, plus d'emprunt, amortissement de la dette par un impôt unique sur le capital; pour le budget extraordinaire, les réparations assurées par les matières premières et la main-d'œuvre allemandes; l'internationalisation des charges financières résultant de la guerre ;

Blum et *Sembat* pour répondre à l'attaque contre les services publics de l'ancien sous-secrétaire d'Etat aux P. T. T.

Le Groupe déposa l'ordre du jour suivant :

La Chambre,

Décidée à rompre avec des pratiques de désordre et de gaspillage, mais convaincue que la réparation de nos finances ne peut être obtenue que par un ensemble d'efforts coordonnés s'appliquant à toutes les directions de l'activité politique,

Considérant,

Que la seule économie permettant d'équilibrer les budgets ordinaires sans création d'impôts nouveaux, consiste dans la suppression de la plus grande partie des dépenses militaires, et que cette opération est liée elle-même, d'une part, à une réduction considérable du temps de service; d'autre part, à une politique de paix, d'entente internationale et de désarmement progressif des peuples;

En ce qui concerne l'augmentation des recettes,

Que la fiscalité actuelle, qui n'a pas frappé les profits et les accroissements de fortune réalisés pendant la guerre, mais qui écrase toutes les formes de la consommation populaire, se montre impuissante à saisir la généralité des gros revenus; qu'il est urgent d'instituer les mesures de contrôle et les sanctions nationales et internationales qui assureront la perception stricte des impôts assis sur la fortune acquise et les revenus réels et mettront fin aux scandales croissants de l'évasion fiscale;

En ce qui concerne les réparations,

Que l'emploi des fournitures et de la main-d'œuvre spécialisée de l'Allemagne constitue le seul moyen d'assurer la reconstitution des régions dévastées sans emprunts à notre charge; qu'il y a lieu, par conséquent, d'étendre l'application de ce système et de le compléter par des opérations de crédit internationales, pour aider l'Allemagne à relever son change et lui faciliter ainsi l'exécution loyale de ses engagements;

En ce qui concerne l'amortissement,

Considérant que la situation économique et financière de la France ne peut être assainie que par la réduction progressive de la dette publique, spécialement de la dette flottante mais qu'amortissement ou remboursement ne peuvent être utilement entamés que grâce à l'organisation, méthodiquement préparée, d'un prélèvement sur le capital;

Invite le Gouvernement :

1° A conformer strictement sa politique générale comme sa politique financière au programme énoncé ci-dessus;

2° A constituer immédiatement pour l'étude et l'élaboration technique des textes nécessaires un Comité financier composé de représentants autorisés de la science et de la pratique financières, de représentants des organisations patronales et ouvrières, de délégués des Commissions du Parlement et du personnel des services financiers de l'Etat, avec mandat de fournir son rapport dans le plus bref délai.

La priorité fut repoussée par 438 voix contre 69; parmi ces derniers, tous les socialistes plus deux communistes, Ch. Baron et Nadi, les autres s'abstinrent.

En soutenant l'ordre du jour socialiste, *Léon Blum* démontra que, même si l'Allemagne payait, le triple problème de l'équilibre budgétaire, de l'amortissement de la dette et des réparation ne serait pas résolu.

Varenne, Canavelli et *Sembat* déjouèrent la manœuvre Deschamps en proposant l'industrialisation des services publics.

Toutes les additions furent repoussées par 367 voix contre 151, les communistes s'abstinrent également.

*
* *

Dans la discussion générale du budget de 1923, *Vincent Auriol* et *Léon Blum* firent la critique de la politique financière du Gouvernement et définirent la politique financière du Parti socialiste.

Vincent Auriol, le 26 octobre, rappelle les avertissements socialistes lors de la discussion du budget de 1922; le déficit dissimulé apparaît plus important que celui qu'ils avaient annoncé. Il est avoué aujourd'hui 6 milliards.

Pour celui de 1923, les propositions soumises à la Chambre le font apparaître comme étant de 4 milliards 769 millions, en y ajoutant les insuffisances de recettes, dont les prévisions sont volontairement exagérées, il atteindra également 6 milliards. La dette qui, au 31 décembre 1919, atteignait 177 milliards 800 millions, elle sera de 272 milliards au 31 décembre 1922. Il dénonce le traité de Versailles, cause initiale de la politique d'imprévoyance de l'emprunt, et une fois de plus il oppose les solutions socialistes auxquelles il faudra venir sans arrière-pensée de lucre capitaliste, si l'on veut sauver le pays de la débâcle financière.

Léon Blum, le 6 novembre, fit une forte et pénétrante analyse de la situation internationale, souligna l'erreur initiale des négociateurs du Traité de Versailles, croyant à un développement inouï de la production et des exportations allemandes. Ce fut une illusion. L'effondrement du mark, la situation économique mondiale, celle de l'Allemagne, celle de la France sont telles aujourd'hui que toutes les mesures préconisées il y a deux ans par les socialistes seraient-elles réalisées qu'elles seraient maintenant prises trop tard et ne réussiraient pas à rétablir l'équilibre économique du monde. Il faut une autre notion que celle que l'on a eu jusqu'ici. Le seul remède réside dans la stabilisation et la valorisation des monnaies, par la création d'un Institut international d'émission et de crédit pour assurer le paiement des réparations en nature, le remboursement à la France et à la Belgique des avances, la prise en charge des pensions et le crédit aux nations appauvries. « Le monde ne peut assurer son salut que par l'organisation de la solidarité internationale en s'inspirant de la doctrine, de l'idéal socialiste comme ordre de marche et axe de direction. »

Pour la protection du patrimoine et des richesses nationales

Le 5 décembre 1921, *Inghels* posa des questions sans réponse au sujet de la liquidation des tracteurs de motoculture inutilisables et sur le relèvement des prix consentis à une entreprise forestière capitaliste.

Le 7 décembre, *Blum* questionna sur les raisons qui ont fait accorder aux Sociétés concessionnaires de force hydraulique la faveur de revenir sur des clauses acceptées par elles en 1919. Il n'obtint pas davantage de réponse.

Le même jour, *Barthe* souligne que le stock de 3.700.000 quintaux de blé avarié restant à liquider représentera une perte de 37 millions, tandis que la maison Souday-Vilgrain a touché une commission de 4.800.000 fr. ; qu'attend la justice pour poursuivre ?

*
* *

Dès le lendemain de l'armistice, les socialistes avaient demandé la mise en exploitation par l'Etat des mines de potasse, mais on ne les écouta point et les groupes financiers se disputèrent ces richesses nationales.

Le partage des biens allemands sequestrés ne se passa point sans querelles, les rivalités firent que le pot aux roses fut découvert au cours de l'interpellation du 23 décembre 1921 sur le scandale de la liquidation des biens allemands en Alsace : spéculateurs, concessionnaires, gens de robe et gens de finance entendus comme larrons en foire. *Jules Uhry.* tira la moralité socialiste de ces querelles entre « oiseaux de proie » ; il réclama des sanctions et flétrit les spéculateurs.

L'ordre du jour socialiste était ainsi conçu :

La Chambre, résolue à faire la lumière sur la gestion du séquestre des mines de potasse et sur les manœuvres employées par certains groupements pour accaparer ces richesses, décide de nommer une Commission d'enquête de trente-trois membres, qui devra apporter dans les deux mois ses conclusions et proposer des sanctions.

Il fut repoussé. Les socialistes votèrent ensuite l'ordre du jour Jaeger, réclamant aussi une Commission d'enquête, qui n'eut pas plus de succès. Ils votèrent contre l'ordre du jour de confiance.

Mistral et *Varenne* déposèrent une motion réclamant la discussion immédiate du projet d'amodiation des mines de potasse. La motion fut repoussée par 364 contre 169 voix.

Le projet d'amodiation des mines de potasse fut discuté le 14 mars. *J. Uhry* défendit au nom du Groupe la motion d'ajournement suivante pour obliger le Gouvernement à engager des poursuites contre les dilapideurs :

La Chambre, résolue à faire la lumière sur la gestion du sequestre des mines de potasse et sur les manœuvres employées par certains groupements, pour accaparer ces richesses, décide d'ajourner la discussion des projets de loi portant amodiation des potasses d'Alsace.

Il se rallia à une motion analogue déposée par des députés alsaciens et qui fut repoussée par 339 contre 172 voix.

Mistral dénonça le projet du Consortium franco-allemand et ses manœuvres pour se rendre maître du marché.

La demande de formation de la Chambre en Comité secret formulée par *J. Uhry* fut repoussée par 372 contre 172.

Les 16 et 17 mars, nouvelles interventions de *Uhry* et *Mistral*, demandant la nationalisation industrialisée ou à défaut la constitution d'un Office comme celui de la Sarre ou de la Société d'aménagement du Rhône, où seraient représentées toutes les collectivités intéressées.

L'article premier de la motion socialiste défendue par Mistral était ainsi rédigé :

ARTICLE PREMIER. — Les biens, droits et intérêts sur les mines de potasse d'Alsace acquis ou à acquérir par l'Etat, soit par rachat, soit de toute autre façon, sont et demeurent la propriété inaliénable de la nation française.

Elle fut repoussée par 440 voix contre 104.

Pour la défense ouvrière

L'OFFENSIVE PATRONALE ET GOUVERNEMENTALE CONTRE LES HUIT HEURES

La Chambre des grands agrariens avait obtenu du Gouvernement l'envoi de grands patrons métallurgistes pour représenter la France agricole à la Conférence Internationale du Travail afin d'y soutenir l'incompétence et de mettre hors la loi de huit heures les salariés de l'agriculture.

Compère-Morel interpella le 25 novembre 1921 et, à l'aide des déclarations des ministres Loucheur, Colliard au moment du traité de paix, de Clemenceau à la délégation allemande, avec le texte même du traité, il démontra le droit et le devoir de la C. I. T. de s'occuper des travailleurs agricoles.

Il signala l'isolement de la France à Genève dans une honteuse attitude de réaction (70 voix contre 20 au point de vue gouvernemental français dont 9 délégués patronaux).

Le 22 décembre, *Chaussy* présenta à son tour une vigoureuse défense du prolétariat agricole, et rappela l'infériorité de situation faite aux travailleurs de la terre en matière de législation sociale et de protection ouvrière.

L'ordre du jour du Groupe socialiste fut repoussé par 485 voix contre 79; il était ainsi conçu :

La Chambre,

Considérant que la Commissions de législation internationale du travail, chargée de rédiger le statut de l'organisation internationale instituée par le Traité de Versailles, fut toujours unanime à estimer que le Bureau international du Travail aurait à s'occuper des salariés agricoles;

Considérant qu'au cours du préambule de la partie XIII du Traité de paix et à l'article 427, ayant trait à l'organisation internationale du travail, on ne fait aucune distinction entre les différentes catégories des travailleurs;

Considérant que la France se devait à elle-même et à son

passé d'être la première à respecter les clauses du Traité de Versailles concernant la protection du monde du travail et à se soucier du bien-être physique, moral et intellectuel des travailleurs salariés des lois de protection ouvrière :

Regrette que le Gouvernement ait donné à ses délégués à Genève le mandat :

1° De proposer l'incompétence de la Conférence internationale du travail sur des question agricoles;

2° De demander à cette Conférence d'affirmer qu'il était inopportun de discuter les dites questions;

3° De se refuser à participer aux travaux de la Conférence sur le chômage, la protection des femmes et des enfants employés dans les exploitations rurales, l'amélioration du logement et du couchage des ouvriers agricoles, la garantie des droits d'association et de coalition des salariés de la terre et le projet de convention obligeant les Etats à comprendre les travailleurs des champs dans les lois d'assurances sociales contre les accidents, la maladie, l'invalidité, la vieillesse,

Et passe à l'ordre du jour.

*
* *

Barthe, Lobet, Canavelli, Rognon, Pressemane, Lebas avaient demandé à interpeller sur l'application de la loi de huit heures dès la rentrée de mai. La discussion fut amorcée au cours de l'interpellation d'un député de la droite sur le même sujet à la veille de la séparation des Chambres dans les premiers jours de juillet.

J. Uhry rappela les récriminations patronales qui se produisent chaque fois qu'une amélioration sociale est adoptée; il démontra que les huit heures étaient généralement appliquées en Belgique, Pologne, Pays-Bas, Tchéco-Slovaquie, Autriche-Hongrie, Allemagne, Angleterre où des millions de travailleurs en bénéficiaient.

*
* *

A la rentrée de juillet, toutes les interpellations furent réunies d'abord, puis disjointes ensuite.

Le 12 octobre, *Lobet* développa la sienne contre les décrets Le Trocquer; il démontra que ce n'était pas l'intérêt patronal qui avait guidé le ministre, mais le désir d'obéir aux ordres impératifs du Comité des Intérêts Economiques. L'application de la loi des huit heures n'est pas l'unique cause du déficit d'exploitation, qui est en grande partie due au gaspillage des Compagnies, à leur incurie.

Le lendemain 13, ce fut *Canavelli* et, quinze jours plus tard, le 27, *Jean Félix* qui s'en prirent au décret, à la légalité douteuse, du sous-secrétaire d'Etat à la Marine marchande, provoquant la grève des Inscrits maritimes, dont l'attitude conciliante fut opposée aux intransigeances des armateurs.

Bouisson répondit au sous-secrétaire d'Etat en indiquant les véritables causes de la crise de l'armement, qui veut détruire les Commissions paritaires, puissamment secondé par le gouvernement. Le débat sur la grève des Inscrits fut clos le 3 novembre après une démonstration de Bouisson, que les pertes occasionnées par l'application des huit heures étaient compensées par les bénéfices procurés par l'exploitation de la flotte d'Etat et les subventions à l'armement.

L'ordre du jour socialiste était ainsi conçu :

La Chambre, regrettant que le Gouvernement n'ait pas réuni la Commission paritaire qui, jusqu'à ce jour, avait réglé tous les conflits entre inscrits et armateurs, l'invite à provoquer dans le plus bref délai la réunion de cette Commission.

Ce fut l'ordre du jour de confiance Dignac qui fut voté par 360 voix contre 172, tous les socialistes votant contre.

Le 17 novembre, interpellant sur les grèves du Havre, J. Lebas mit en parallèle les bénéfices patronaux de la métallurgie et les diminutions successives des salaires ouvriers, il flétrit le crime du gouvernement de classe aux ordres du patronat, auquel la conscience ouvrière a répondu par un renforcement des organisations syndicales.

Par 440 voix contre 70, parmi ces derniers tous les socialistes, la Chambre a renvoyé à un mois la suite des interpellations en cours.

Amnistie

Le 22 novembre 1921, *Léon Blum, Goude* et *J. Uhry*, justifient l'attitude de Marty et Badina, se refusant à participer à une guerre inconstitutionnelle. Les socialistes votèrent tous contre le renvoi de l'interpellation Cachin.

En mars, juin et juillet, les membres du Groupe, soit par

les interventions de *J. Uhry*, de *Goude*, de *Blum*, de *Varenne*, soit par leur vote, soutiennent les demandes d'interpellations en faveur de l'amnistie.

Le 7 novembre, *Jules Uhry*, au nom du Groupe, appuya la demande de discussion de l'interpellation sur la libération de Marty, qui fut renvoyée par 393 voix contre 207.

La réforme de l'Enseignement

Elle donna lieu à de multiples interpellations, le 2 juin et pendant les matinées des 8, 9, 13, 15, 16, 20, 22 et 27 juin.

Bracke défendit avec compétence les humanités ; la première partie de son discours en faveur de la culture gréco-latine fut unanimement applaudie par la Chambre, qui fut plus réservée lorsqu'il fit la preuve de l'impuissance du régime capitaliste à résoudre le problème de l'Enseignement. Les socialistes veulent l'enseignement à la portée de tous. L'enseignement primaire destiné à développer l'esprit de discernement de l'enfant, l'enseignement secondaire l'accoutumant à expérimenter, l'enseignement supérieur pour la recherche, la participation, la collaboration à la recherche. Le système d'enseignement national préconisé par les socialistes ne pourra être donné que par une société où les classes auront disparu.

La vie chère

Laudier interpella, le 29 juin, le ministre de l'Agriculture Chéron, sur ses décrets relevant les droits de douane ou prohibant l'importation des denrées alimentaires de première nécessité. La Chambre donna raison au ministre.

Contre les mercantis

Les 17, 18 et 19 octobre, séances consacrées à l'abrogation de la loi sur les délits de spéculation.

Après une intervention de *Blum* et les raisons données par *J. Uhry* justifiant le vote unanime contre du Groupe, le texte fut voté par 395 voix contre 92.

Le projet de loi autorisant les préfets à taxer certaines denrées alimentaires vint en discussion les 8, 12 et 13 décembre et également la proposition *Chaussy* sur la taxation des farines.

Barthe souligne la résistance du Comité des Intérêts Economiques, dont la caisse est alimentée par les organisations ploutocratiques.

Le 12, il dénonce les agissements de la minoterie et le scandale des sucres en condamnant la carence de la magistrature.

Le 13, il soutient l'amendement *Félix, Inghels, Barthe*. ainsi conçu :

Dans toutes les Sociétés qui ont pour but le commerce du blé et de ses dérivés, il est interdit à tout membre du Parlement de se prévaloir, en tant que membre du Conseil d'administration, de la qualité de sénateur ou de député, sous peine d'être déclaré *ipso facto* démissionnaire.

L'amendement est voté.

Chaussy, en réclamant une peine proportionnée à l'importance du délit, obtient une satisfaction pour les cas de récidive.

Les impôts sur les salaires

En mars, *Vincent Auriol* fait entendre la protestation du Groupe contre le ministre des Finances, qui refuse de donner des renseignements à la Commission qui permettraient d'établir l'injustice qu'il y a à frapper directement des salaires insuffisants, déjà grevés de lourds impôts indirects.

En décembre 1921, le Groupe avait essayé par un amendement à la loi de finances (voir budget 1922) de faire cesser les poursuites.

Les efforts du Groupe ont abouti partiellement, le ministre des Finances ayant déposé un projet relevant les minima d'exonération.

Le Groupe soutiendra, le moment venu, son contre-projet.

La loi sur les loyers

Elle occupa toutes les matinées de la Chambre les 8, 10, 11, 12, 15, 16, 17, 18, 22, 23, 24, 25, 29, 30 novembre et 1ᵉʳ décembre 1921.

L'amalgame de textes contradictoires qui peut prêter aux plus fantaisistes interprétations et à tous les arbitraires fut combattue par le Groupe.

Paul-Boncour, Betoulle, Mouret, Inghels, Garriaux, Delory, Evrard, F. Morin, Cadot tentèrent vainement de limiter les exigences de M. Vautour; *Betoulle* justifia pour le Groupe le vote contre l'ensemble, qui fut adopté par 466 voix contre 85.

Le projet de loi sur la retraite et l'avancement des fonctionnaires mobilisés

Il vint en discussion les 24, 26 et 27 janvier. *Barthe, Rognon, Aubry, Moutet* demandèrent que les avantages en fussent étendus à tous, les amendements socialistes déposés en accord avec la Fédération des fonctionnaires et les Associations d'anciens combattants, ce qui fut repoussé.

Les 29 et 30 mars, nouvelles interventions d'*Aubry, E. Rognon, J. Lobet*, s'efforçant vainement d'obtenir l'amélioration de ce projet, inapplicable, injuste et créant des faveurs au lieu des légitimes compensations réclamées.

La supression des arsenaux
Les licenciements du personnel ouvrier

Goude et *Locquin* interpellèrent sur les licenciements d'ouvriers dans les arsenaux et défendirent, au cours de la deuxième séance du 9 juillet, l'ordre du jour suivant, qui fut repoussé par 448 voix contre 118.

La Chambre,

Considérant qu'il serait contraire à l'intérêt des finances publiques et à la législation en vigueur, de procéder au moin-

dre licenciement ou mise à la retraite d'office du personnel
des arsenaux de la Marine avant le vote du projet de loi réor-
ganisant ces établissements industriels et fixant, le cas échéant,
les règles des congédiements.

Invite le Gouvernement à demander les crédits nécessaires
pour maintenir une activité constante dans nos arsenaux, qui
seront notamment chargés de construire la plus grande partie
des unités comprises dans le programme naval et qui devront
rechercher, au cas où les réparations et les constructions
propres à la Marine militaire n'absorberaient pas leur activité,
les travaux pouvant leur être confiés, à titre de cession, par
les particuliers et par certains départements ministériels tels
que : Marine marchande, Régions libérées, Travaux Publics, etc.

Le débat sur le projet gouvernemental occupa les séances
des 8, 15, 22 et 23 novembre.

Goude, le 8 novembre, démontra les graves conséquences
qui allaient résulter pour le matériel de l'Etat, pour le personnel ouvrier, pour les régions où se trouvent les établissements à supprimer.

Locquin, le 22 novembre, rappela que les socialistes
avaient dénoncé depuis longtemps la gabegie et le gaspillage, il démontra la supériorité de la production des arsenaux sur celle de l'industrie privée et réclama l'industrialisation et la commercialisation des établissements de
l'Etat.

Goude, le 23 novembre, demanda le renvoi appuyé sur la
non ratification de la Convention de Washington, et pour
attendre — sur les économies à réaliser — l'accord entre
la Commission, le ministre et le Conseil supérieur de la
marine. Le renvoi fut repoussé par 294 voix contre 147 et
le passage à la discussion des articles adopté par 399 voix
contre 127.

La Banque Industrielle de Chine

Déjà, le 16 septembre, *Barthe* avait tenté de faire trans-
former la question Tattinger en interpellation et réclamé
le contrôle sévère des banques.

Le 25 décembre, les interpellations furent discutées et
Barthe put révéler les collusions entre la politique et la
haute finance. Il cita les noms des hauts fonctionnaires du

ministère des Finances passant à la tête des grands établissements de crédits, Sergent, Luquet, Cellier, Simon, Montplanet, Privat, Deschanel, de Trigomain, Therin de la Chaume, Picot, Hombreg.

L'ordre du jour du Groupe, défendu par *Barthe*, était le suivant :

La Chambre,

Vivement préoccupée des conséquences du krach de la Banque industrielle de Chine pour l'influence française en Extrême-Orient, invite le Gouvernement à prendre les mesures utiles :

1° Pour assurer une juste application des lois du Code pénal aux dirigeants de la Banque Industrielle de Chine responsables de la dilapidation des fonds confiés à la Banque si des délits sont relevés contre ses dirigeants par l'information judiciaire ;

2° Pour n'intervenir en faveur des déposants de la Banque Industrielle de Chine que dans une forme qui ne serait pas contraire aux vœux publiquement manifestés par le peuple chinois ;

3° Pour mettre un terme à l'asservissement de notre Institut privilégié d'émission indo-chinois aux intérêts particuliers des grands établissements de crédit de la métropole ;

4° Pour assurer la défense de l'épargne publique en France comme aux colonies par l'obligation à imposer aux banques de publier les bilans mensuels intelligibles répondant aux fins de contrôle pour lesquels ils sont faits, par la réorganisation du système des Commissaires aux comptes et l'extension du contrôle de l'Etat en vue de garantir la sincérité des bilans, enfin par la réglementation des émissions de valeurs par les banques de dépôts ;

5° Pour mettre un terme à l'asservissement continu de hauts fonctionnaires des finances aux puissances financières que constituent les établissements de crédits et les Compagnies de transports et de navigation, par l'application rigoureuse des dispositions législatives qui interdisent aux fonctionnaires d'entrer au service des établissements qu'ils ont eu à contrôler.

La Chambre décide de nommer une Commission d'enquête de vingt-deux membres chargée de rechercher et de dégager toutes les responsabilités administratives, politiques et financières à l'occasion du krach de la Banque Industrielle de Chine.

Il fut repoussé par 374 voix contre 154. Sur l'ordre du jour pur et simple, repoussé par 358 voix contre 107, ils s'abstinrent. Ils votèrent l'addition Herriot sur les incompatibilités parlementaires.

Le 27 janvier 1922, discussion du projet de loi ayant pour objet le renflouement de la B. I. C. *Moutet* défendit un amendement socialiste pour que les intérêts des déposants soient sauvegardés par le concours financier des banques qui exploitent les fonds publics et la solidarité financière des établissements de crédit. Son amendement fut disjoint après que la Chambre eut repoussé, par 440 voir contre 69, un amendement analogue de E. Lafont qui fut voté par tous les socialistes.

Le projet de Convention avec la Chine vint en discussion les matinées des 15 et 16 novembre. *Moutet,* au nom du Groupe socialiste, rappela les responsabilités de ceux qui provoquèrent le sinistre et réclama des garanties pour que les anciens administrateurs ne puissent redevenir propriétaires de l'établissement de crédit; sans s'opposer au principe de la Convention pour sauvegarder les intérêts des petits déposants, il demanda cu'une part des bénéfices à venir soient réservés par l'Etat pour les œuvres d'éducation franco-chinoises.

Le projet fut voté par 437 voix contre 15. Tous les socialistes s'abstinrent.

Interventions diverses

Le 24 février, *J. Uhry,* après avoir dénoncé l'arbitraire de la détention préventive et les méfaits gouvernementaux, soutint l'ordre du jour suivant :

La Chambre invite le Gouvernement à déposer dans le plus bref délai possible, un projet de loi organisant la responsabilité de l'Etat pour faute du service public de la Justice et passe à l'ordre du jour.

* *

Le 15 novembre 1922, *Barthe* rapporta sur le projet douanier anglo-marocain; il énuméra les richesses marocaines et, avec *J. Félix,* ils indiquèrent que les efforts devaient tendre à faire des pays de protectorat des pays de production complémentaire pour la métropole.

* *
*

Le 2 décembre, le ministre étant questionné sur les grèves de la boulangerie parisienne, *Blum* rappelle la sévérité gouvernementale lorsqu'il s'agit de grèves ouvrières.

* *
*

Rappelons également les interventions de *Ringuier*, les 14 et 23 février, sur les régions libérées; de *Barthe* et *J. Félix*, réclamant l'électorat pour les salariés agricoles dans la discussion du projet créant des Chambres d'agriculture (27 déc. 1921); de *Barthe*, le 3 mars, sur la crise agricole; de *J. Locquin*, le 7 mars, en faveur du personnel du Timbre; de *Barthe* et *Locquin* s'opposant, le 23 mars, à la convocation précipitée des électeurs pour les élections cantonales.

Le budget de 1923

La discussion, commencée le 24 octobre, se poursuit le 26, puis les 6, 7, 9, 13, 14, 16, 20, 21, 22, 23, 24, 25, 27. 28. 29, 30 novembre, les 1, 2, 4, 5, 6, 7, 8, 9, 11, 12, 13. 14 et 15 décembre.

Ainsi qu'on l'a vu dans le chapitre sur la politique financière, *V. Auriol* et *Léon Blum* intervinrent dans la discussion générale du budget.

Dans la discussion générale de chaque budget des divers ministères, de nombreux orateurs du Groupe défendirent le point de vue socialiste et les revendications du prolétariat en même temps que les intérêts généraux du pays.

JUSTICE. — *Barthe* dénonça les lenteurs et les complaisances de la justice de classe vis-à-vis les grands spéculateurs et gros fraudeurs, spéculation sur les sucres, affaire des carbures, affaires des mistelles, spéculation sur les grains, affaire Salmon, affaire des rhums, affaires des pétroles; *Léon Escoffier* parla sur la réforme judiciaire; *Valière*, en faveur des familles des victimes des Conseils de guerre.

Agriculture. — *Compère-Morel* opposa à la politique d'étroit protectionnisme, la politique socialiste mise à la disposition des agriculteurs : des engrais et matières premières à prix de revient aboutissant au développement de la production; *Barthe* parla sur la répression des fraudes; *Valière* sur la proposition socialiste de un milliard à l'agriculture pour les œuvres d'éducation, coopératives, laboratoires, etc.; *Chaussy* pour le vote des lois protectrices des travailleurs agricoles; *Moutet* et *Barthe* sur les avertissements météorologiques et le génie rural.

Enseignement technique. — *Saint-Venant* parla sur les Cabinets d'orientation professionnelle; *Laudier* sur le programme d'enseignement et les Chambres de métier.

Travaux publics. — *Betoulle*, sur le chômage des ouvriers carriers et les abus des Compagnies de chemins de fer; *Laudier*, sur l'amélioration des communications transversales; *Barthe*, sur l'exploitation des mines à condition difficile; *Lobet* réclama le respect du statut du personnel méconnu par les Compagnies.

Marine marchande. — Démonstration de *Bouisson* que l'exploitation de la flotte d'Etat au lieu du déficit de 43 millions en 3 ans aurait enregistré des bénéfices si les transports du client-Etat avaient été payés. Il défendit les avantages de la flotte d'Etat pour l'Algérie, la Corse, les colonies et la nation; *Masson*, sur la crise de la pêche, sur l'aménagement des ports, sur la garde côtière; *Bouisson*, sur les retraites des ouvriers des constructions navales; *J. Félix*, contre la réduction des écoles de navigation et le remboursement des frais d'études par les élèves; *Aubry*, contre la suppression des syndics maritimes.

Intérieur. — *Jean Félix* réclama au nom du Groupe la suppression des fonds secrets; 458 voix contre 75 les maintinrent.

Travail. — *Pressemane* attira l'attention de la Chambre contre le fléau social du chômage vice du régime capitaliste où le travail est considéré comme une marchandise; *Goniaux* réclama une meilleure application des lois d'hygiène, d'assistance et de protection sociale; *Masson* réclama l'amélioration de la situation des petits pensionnés de la loi sur les retraites ouvrières et paysannes.

Hygiène et prévoyance sociale. — *Betoulle,* pour une interprétation humaine de la loi d'assistance; *Jean Mouret,* sur la loi des habitations à bon marché; *Valière,* sur les extensions d'attribution du ministère de l'Hygiène; *Aubry,* sur l'insuffisance de la dotation de ce budget; *Masson,* en faveur de relèvement de crédits pour la lutte contre le cancer, il obtient des relèvements de crédits pour les laboratoires, dispensaires et sanatorias et pour la prophylaxie des maladies vénériennes; *J. Mouret,* sur l'office international à créer des habitations à bon marché; *Paul-Boncour,* sur l'assistance médicale gratuite et pour que soit facilité l'accès des hôpitaux aux travailleurs par une application humaine de la loi; *Masson,* pour le relèvement du taux d'assistance; *Paul-Boncour,* en faveur de l'hospice des Quinze-Vingt.

Aéronautique. — *Bouisson* protesta contre les frais exagérée de la direction d'une Compagnie aérienne.

Guerre. — *Paul-Boncour* s'éleva contre l'insuffisance du contrôle budgétaire, fit la critique serrée du budget présenté et démontra une fois de plus que l'application du système préconisé par les socialistes aurait permis de sérieuses économies tout en fortifiant la défense nationale; *E. Rognon,* sur l'autonomie industrielle des établissements d'artillerie; *Barthe,* sur les carburants à base d'alcool; *Aubry,* contre l'installation d'un camp d'aviation au Mont Saint-Michel; *Aubry,* au sujet de la situation faite aux mutilés en ce qui concerne les emplois réservés; *Betoulle* protesta contre les crédits d'entretien des troupes d'occupation de Constantinople; *V. Auriol* parla en faveur du paiement des heures de nuit dans les établissements de la guerre.

Alsace-Lorraine. — Le 2 décembre, *Jules Uhry* demande la disparition du régime exceptionnel, et à la séance du 4 décembre prend acte de la déclaration du ministre annonçant un projet de loi supprimant le gouverneur général; il maintient son amendement supprimant les crédits, qui est repoussé par 407 voix contre 136; il en est de même de son amendement supprimant des crédits de fonds secrets, repoussé par 337 voix contre 65. Le lendemain 5 décembre, *Bracke* présente diverses observations.

Instruction publique. — Intervention de *Aubry* dans la discussion générale, critiques sur les méthodes de la bourgeoisie faisant un privilège de l'enseignement, il proteste contre les suppressions de postes d'instituteurs et contre toutes les tentatives du gouvernement complice du bloc national qui veut saper l'école laïque. Sur les chapitres, observations de *Moutet* et *Blum* sur les chaires de faculté ; de *Locquin*, sur les prêts d'honneur aux étudiants et sur la Bibliothèque nationale ; de *Moutet* sur le personnel des internats ; de *Masson*, qui évoque l'ingérance de l'évêque dans les nominations de professeurs ; de *Goude* sur les intérimaires de guerre ; de *R. Evrard* sur les indemnités aux instituteurs en résidence dans les régions libérées ; de *Cadot* et *R. Evrard* pour le maintien de crédits à cet effet ; de *Evrard* sur les indemnités et les vacances.

Beaux-Arts. — Intervention de *Paul-Boncour* dans la discussion générale, réclamant la suppression des taxes exorbitantes dont sont frappés les dons et legs aux musées de province ; sur le choix des envois de l'Etat ; sur les concours du Conservatoire et sur l'allègement des charges qui pèsent sur les théâtres. Il obtient de gain de cause au sujet de l'ouverture des musées et des promesses en ce qui concerne les taxes. *J. Locquin*, sur les chapitres obtient le vote des bourses pour prêts d'honneur aux étudiants, il obtient également satisfaction pour le petit personnel de l'Ecole des Beaux-Arts, pour le rétablissement du crédit de subventions aux Concerts populaires et pour les ouvriers auxiliaires des Gobelins. Il intervient également sur les musées, en faveurs des artistes tapissiers, des gardiens de musées, des frais de voyages pour étudiants, du relèvement du traitement du personnel.

Marine militaire. — *Goude*, intervenant dans la discussion générale, blâme et proteste contre les sanctions infligées aux marins du vaisseau le *Jules-Ferry*, la justice militaire étant moins sévère lorsqu'il s'agit d'officiers violant le règlement. Il fait la critique du budget, où rien n'a été fait en ce qui concerne la comptabilité défectueuse, les économies sérieuses, le bloc national étant impuissant à améliorer.

Sur les chapitres *Goude* parle au sujet du corps technique et *Bouisson* sur la défense des côtes qui ne peut être organisée par voie budgétaire mais par la discussion et le vote d'un programme étudié.

AU SENAT

Au Sénat, *Bouveri* et *Fourment* interviennent dans la question sur les loyers et dans celle des mines. Ils déposèrent divers amendements pour le maintien des allocations de cherté de vie et sur les loyers. Enfin, *G. Fourment* fit au cours de la discussion générale du budget la critique socialiste de la politique financière du Gouvernement, réclama la réduction des charges militaires et soutint la thèse des réparations adoptée par les Partis socialistes de France et d'Allemagne et la Fédération Internationale Syndicale et réclama une politique de paix conforme aux traditions et au génie de la France.

Rapports déposés au nom de Commissions
par des membres du Groupe

3291. — 3 novembre 1921 : *Bouisson.* — Marine marchande : Sur les travaux au port de pêche de Lorient.

3328. — 11 novembre : *M. Moutet.* — Commission de l'Algérie : Sur le statut de la magistrature.

3433. — 30 novembre : *A. Varenne.* — Commission des finances : Sur l'ouverture de crédits de secours de chômage.

3521. — 9 décembre : *J. Mouret.* — Commission d'assurances sociales : Sur les coopératives et le créd't au travail.

3543. — 10 décembre : *E. Barthe.* — Commission d'agriculture : Tendant à compléter la loi sur la répression des fraudes et le commerce des engrais.

3566. — 13 décembre : *A. Varenne.* — Commission des finances : Sur le projet de réparations et de protection contre les crues de l'Arc.

3575 et 3576. — 14 décembre : *E. Rognon*. — Commission de l'armée : 1° Sur un contrat avec la Ville de Lyon ; 2° Sur la réorganisation du corps des maîtres armuriers.

3599, 3601 et 3602. — 22 décembre : *A. Inghels*. — Commission de législation civile et criminelle : 1° Sur la proposition d'un régine spécial des loyers dans les régions libérées ; 2° Sur les baux d'immeubles atteints par faits de guerre ; 3° Sur les baux d'immeubles situés en régions envahies.

3706. — 31 décembre : *Bouisson*. — Commission marine marchande : Sur le projet de loi relatif au régime intérieur du pétrole.

3823 et 3824. — 2 février 1922 : *E. Rognon*. — Commission de l'armée : Sur le déclassement d'enceintes fortifiées : 1° de Strasbourg ; 2° de Saint-Malo.

3968. — 24 février : *Saint-Venant*. — Commission assurances sociales : Sur la proposition améliorant la loi sur le repos des femmes en couches.

3977. — 28 février : *Jean Félix*. — Commission des boissons : Concernant les licences d'importation de vins portugais.

4171. — 29 mars : *Jean Locquin*. — Beaux-Arts : Sur le projet d'installation de la bibliothèque et du musée du château de Vincennes.

4190. — 30 mars : *Jean Locquin*. — Enseignement : Sur les distinctions à accorder à l'occasion du cinquantenaire de la section de philologie et d'histoire à l'Ecole des Hautes Etudes.

4250. — 6 avril : *E. Barthe*. — Douanes : Sur le régime douanier algéro-marocain.

4804. — 8 juillet : *A. Varenne*. — Commission des finances : Sur le budget 1923 des Travaux publics (1re section).

4810. — 8 juillet : *J. Lebas*. — Finances : Sur le budget 1923, annexe de l'Imprimerie Nationale.

4971. — 26 octobre : *J. Uhry*. — Alsace-Lorraine : Application des lois municipales.

5045. — 9 novembre : *J. Locquin.* — Enseignement et Beaux-Arts : Sur la création d'une chaire de Faculté.

5139. — 27 novembre : *A. Varenne.* — Finances : Protection contre les orages.

Propositions de lois déposées par le Groupe

3356. — 16 novembre 1921 : *A. Inghels.* — Sur l'amnistie pleine et entière.

3490. — 6 décembre : *Paul-Boncour.* — Concernant le recrutement de l'armée.

770 (Sénat). — 8 décembre : *Bouveri* et *Fourment.* — Sur l'amnistie aux marins de la mer Noire.

3583. — 22 décembre : *Couteaux.* — Sur les Caisses départementales d'assurance populaire.

3583. — 22 décembre : *Compère-Morel.* — Sur les fermages et métayages.

3764. — 19 janvier 1922 : *Jean Félix.* — Sur les examens du certificat d'aptitude pédagogique.

3785. — 26 janvier : *Goude.* — Sur l'avancement du personnel des douanes.

4121. — 22 mars : *Deguise.* — Sur la liquidation des rappels d'allocations militaires.

4857 et 4858. — 12 octobre : *J. Uhry.* — 1° Tendant à compléter la loi sur les loyers; 2° Déclaration des locaux vacants.

4866. — 12 octobre : *R. Evrard.* — Tendant à accorder des majorations de pensions aux accidentés du travail.

4950. — 24 octobre : *Betoulle.* — Suppression de la patente aux voyageurs et représentants de commerce ne faisant aucune opération commerciale pour leur compte personnel.

4952. — 24 octobre : *E. Rognon.* — Modifiant le taux d'assistance aux grands invalides.

5014. — 7 novembre : *Masson.* — Sur diverses modifications au traitement du personnel des Postes.

5034. — 7 novembre : *J. Uhry*. — Application à Marty de la grâce amnistiante.

5111 et 5112. — 22 novembre: *L. Escoffier*. — 1° Modifications au Code d'instruction criminelle; 2° Modification du taux des rentes (accidents du travail).

5152. — 29 décembre : *Cadot*. — Modifications à la loi sur la Caisse autonome (retraites des mineurs).

5190. — 2 décembre : *Barthe et Félix*. — Réorganisation de l'administration centrale du ministère des Finances.

5214. — 7 décembre : *Bracke*. — Abrogation des lois scélérates.

Propositions de résolutions déposées
par le Groupe

3384. — 23 novembre 1921 : *J. Uhry*. — Tendant à la nomination d'une Commission d'enquête parlementaire sur les mines de potasse d'Alsace.

3921. — 17 février 1922 : *Goude*. — Invitant le Gouvernement : 1° à suspendre les licenciements dans les arsenaux; 2° à utiliser et organiser les établissements industriels de la marine.

4032. — 9 mars : *Chaussy*. — Demandant le dépôt par le Gouvernement d'un projet de loi accordant aux populations affamées de Russie un secours d'extrême urgence de 200.000 quintaux de blé provenant des stocks.

4105. — 20 mars : *Barthe*. — Sur les garanties de l'action publique et civile en matière de fraudes commerciales et fiscales.

4110. — 21 mars : *Lobet*. — En faveur de la réintégration de cheminots révoqués.

4184. — 28 mars : *J. Uhry*. — Concernant l'application de la grâce amnistiante.

4382. — 1er juin : *Goniaux*. — Demandant au Gouvernement de hater le vote par le Sénat du projet accordant des allocations à certains accidentés du travail.

4498. — 16 juin : *J. Locquin.* — Sur les allocations à accorder aux victimes d'accidents du travail.

4980. — 27 octobre : *E. Rognon.* — Tendant à la réintégration de cheminots révoqués pour faits de grève.

Propositions de lois ou de résolutions signées par un ou plusieurs membres du Groupe

3321. — 10 novembre 1921 : *Buisset.* — Ouverture de crédits de secours aux victimes d'orages.

3509. — 7 décembre : *A. Varenne.* — Crédits de secours aux victimes d'orages.

3544. — 10 décembre : *E. Barthe.* — Tendant à assurer le contrôle des déclarations de récolte des vins.

3550. — 12 décembre : *Goude, Morin, Locquin, Masson.* — Modifications à la loi de retraites des ouvriers de l'Etat.

3583 et 3584. — 22 décembre : *E. Rognon.* — Sur le cadre des officiers d'administration.

3781. — 24 janvier 1922 : *Georges Richard.* — Facilitant au cultivateur la défense des récoltes contre les animaux nuisibles.

3786. — 26 janvier : *Couteaux.* — Relative aux Sociétés anonymes recevant des dommages de guerre.

3799. — 27 janvier : *J. Locquin.* — Sur les œuvres d'art ayant un caractère historique ainsi que sur les salons artistiques.

3829. — 2 février : *E. Barthe.* — Sur le régime de détention de fabrication et de circulation de l'alcool dénaturé.

3842. — 7 février : *Goude, Masson, Locquin.* — Tendant à compléter l'article 50 de la loi sur les pensions militaires.

3884. — 14 février : *Ringuier.* — Sur les coefficients de majoration des droits de douane.

4048. — 10 mars : *Couteaux.* — Modifications de l'article 10 de la loi du 10 avril 1871 relative aux Conseils généraux.

4090. — 16 mars : *Lobet*. — Concernant l'attelage automatique des wagons.

4198. — 31 mars : *E. Barthe*. — Modifications à la loi du 16 mars 1915 relatives aux similaires d'absinthe.

4223. — 1er avril : *Goude* et *Masson*. — Invitant le Gouvernement à venir en aide aux pêcheurs bretons.

4249. — 6 avril : *E. Rognon*. — Sur le statut des officiers à titre temporaire.

4408. — 8 juin : *J. Uhry*. — Tendant à la rétribution des fonctions de maires et des adjoints.

4428. — 9 juin : *Barthe* et *Félix*. — Supprimant la taxe sur le chiffre d'affaires chez les redevables autres que les Sociétés et renforçant l'assiette des impôts sur le revenu.

4564. — 27 juin : *Goude* et *Masson*. — Accordant aux veuves et orphelins des soldats ou marins ayant versé aux Caisses de retraites des allocations équivalentes pour ceux yant versé 10 ans et le remboursement pour ceux ayant versé moins de dix ans.

4765. — 8 juillet : *J. Uhry*. — Concernant les Sociétés coopératives agricoles d'électricité.

4877. — 12 octobre : *Chaussy*. — Concernant une ouverture de crédits secours aux victimes de cyclones.

4906. — 13 octobre : *Georges Richard* et *Raoul Evrard*. — Modifications à l'article 83 de la loi de finances 1920 sur la circulation des vins.

4940. — 20 octobre : *Jean Locquin*. — Création de chaires dans cinq Facultés.

5063 et 5064. — 15 novembre : *A. Inghels*. — 1° Levée du secret professionnel dans l'application de la loi sur les dommages de guerre; 2° Affichage des dommages réclamés par chaque sinistré.

5092. — 20 novembre : *E. Barthe*. — Obligation pour les importateurs de mélanger l'alcool à l'essence dans une certaine proportion.

RAPPORT FINANCIER

présenté par le citoyen GRANDVALLET,

Trésorier général du Parti

Budget de 1921

Ce budget se solde avec un déficit de 98.691 fr. 30 du fait que les dépenses de propagande, prévues pour 71.410 francs, atteignirent la somme de 130.277 fr. 90. Le besoin de soutenir le *Populaire*, de faire des avances aux Fédérations obligées d'engager des batailles électorales et l'organisation de la manifestation pour la commémoration de la mort de Jaurès en furent une des causes.

Tandis que le crédit affecté à la propagande était dépassé, les prévisions de recettes étaient loin d'être atteintes. Elles furent, sur les cotisations ordinaires, de 66.132 fr. 25, au lieu de 130.640 francs prévus. J'en ai indiqué les raisons au XIXᵉ Congrès.

Mais l'engagement pris par les Fédérations, le 24 juin 1921, de payer une cotisation de 2 francs par adhérent, ne fut pas tenu, puisque seulement 14.207 fr. 40 furent encaissés par la Trésorerie. D'où un manque de recettes, sur cette cotisation supplémentaire, de 95.792 fr. 60.

Pour obvier à cette situation, votre C. A. P. fit le plus qu'elle le put des économies sur les autres chapitres et fit appel au compte liquidation 1920 pour une somme de 98.593 fr. 92, ainsi qu'aux recettes de 1922 pour les 97 fr. 38 manquant pour solder les dépenses.

Budget de 1922

Si au début de 1921 nous fûmes, dans cette période de réorganisation, quelque peu optimistes pour l'établissement de notre budget, en novembre de la même année, à notre

XIX⁰ Congrès, il n'en fut pas de même. Nous connaissions mieux nos forces et nos possibilités, aussi le budget prévisionnel fut-il établi dans de meilleures conditions, puisqu'il y eut 482 fr. 25 d'excédent de recettes sur les prévisions et que, grâce aux économies réalisées sur les frais d'administration prévus, soit 12.782 fr. 55 d'une part, et sur les frais de Congrès et Conseils Nationaux, soit 23.376 fr. 10, d'autre part. Les excédents de dépenses sur certains chapitres tels que 6.803 fr. 05 sur frais de voyages et de séjour, le remboursement de 13.100 fr. 90 au compte liquidation, etc., n'empêchèrent pas l'équilibre du budget, qui fut réalisé grâce aussi aux 8.690 fr. 65 de cotisations supplémentaires souscrits cette année.

Le compte *cotisations supplémentaires 1921* s'établit ainsi :
Sur les 51.991 cartes restant payées par les fédérations au 31 décembre 1921, 1.542 cartes furent retournées afin d'exonération des 2 francs, ce qui fait : 51.991 — 1.542 = 50.449 cartes restant débitées pour 100.898 francs.

Reçu en 1921....................	14.207	40
Reçu en 1922....................	8.690	65
Dons affectés à ce compte......	94	90
	22.992	95
Reste dues au 31 décembre..	77.905	05
BALANCE	100.898	»

Vous trouverez ci-après les comptes des exercices 1921 et 1922 ainsi que les bilans les ayant clôturés.

La Commission des finances s'est chargée de vous présenter le budget prévisionnel de 1923 que vous trouverez à la suite, avec ses commentaires.

———

COMPTES DE

RECETTES

Recettes ordinaires :		
51.991 cartes	20.975 »	
373.334 timbres	45.157,25	80.339,65
Cotisation de 2 fr. par adhérent	14.207,40	
Elus parlementaires	49.300 »	50.310 »
Elus municipaux	1.010 »	
Recettes pour propagande :		
Dons	762 20	
Vente de tracts, journaux et affiches	1.770,85	
Librairie	12,25	11.635,25
Souscription électorale	1.059,55	
Manifestations	8.030,40	
Recettes diverses :		
Imprévues	300 »	2.580,65
Intérêts des fonds placés	2.280,65	
Recettes de solidarité	4.912,10	4.912,10
Total des Recettes sur 1921	149.777,65	149,777,65
Recettes sur l'avoir au 31 décembre 1920 (compte liquidation)	98.593,92	98.593,92
Recettes sur l'exercice 1922	97,38	97,38
Recette totale	248.468,95	248.468,95

L'EXERCICE 1921

DÉPENSES

Frais d'administration :		
Personnel	61.875 »	
Frais du siège	335,05	
Frais de bureau	1.861 »	
Frais de correspondance	1.695,25	
Frais d'envoi	717,10	75.593,75
Achat de matériel	5.435,05	
Archives	64,80	
Dépenses diverses d'administration	206,55	
Impression de cartes et timbres	3.403,95	
Frais de Congrès :		
Délégations internationales	14.581,60	
Cotisations internationales	2.000 »	
Congrès National : frais d'organisation	6.958,50	
Congrès National : remboursem^t voyage aux délégués	2.934,75	32.105,95
Conseils Nationaux : frais d'organisat^n	382 »	
Conseils Nationaux : rembours^t voyage aux délégués	5.249,10	
Frais de propagande :		
Traitement des délégués	43.200 »	
Frais de voyage et de séjour	25.072,45	
Tracts, journaux, affiches	3.243,15	
Organisation de manifestations	12.057,70	
Frais d'éditions de brochures	13.404,60	130,277,90
Avances aux journaux du Parti	19.400 »	
Avances aux Fédérations	7.985,50	
Subventions à Fédérations	4.014,50	
Subvention à la Fédération des Jeunesses	1.900 »	
Dépenses diverses :		
Imprévues	774,25	5.574,25
Retraites	4.800 »	
Dépenses de la Caisse de solidarité :		
Achat d'insignes	1.125 »	4.917,10
Secours	3.792,10	
DÉPENSE TOTALE	248,468,95	248.468,95

COMPTES DE

RECETTES

Recettes ordinaires :		
49.174 cartes	23.927 »	
374.805 timbres	89.266,35	
Sur cotisations ordinaires de 1921	283,70	
Sur cotisat. : supplément de 2 fr., 1921	8.690,65	
Elus parlementaires : cotisations 1921	16.700 »	189.117,70
Elus parlementaires : cotisations 1922	48.500 »	
Elus municipaux : sur cotisat. arriérées	430 »	
Elus municipaux : sur cotisations 1922	1.320 »	
Recettes pour propagande :		
Dons et remboursements	1.418 »	
Vente journaux, affiches, etc	6.836,40	8.693,25
Librairie	438,85	
Recettes diverses :		
Imprévues	10.571,50	11.907.43
Intérêts des fonds placés	1.335,93	
Recettes de solidarité :		
Timbres	874 »	1.178 »
Souscriptions	304 »	
A déduire :	210.896,38	210.896,38
Excéd^t dépenses de l'exerc. 1921. 97 38	414,13	414,13
Dû sur pièces de caisse 1921.... 316 75		
RECETTE TOTALE	210.482,25	210.482,25

Nota. — 29.566 timbres pris par la Fédération du Nord en 1920 n'entrent en compte que pour 0 fr. 10, soit 2.956 fr. 60.

Les recettes imprévues comprennent le prêt de 8.670 fr. 50 consenti au Parti, pour aider le *Populaire,* par le Parti suédois.

L'EXERCICE 1922

DÉPENSES

Frais d'administration :		
Personnel	61.800 »	
Frais du siège	190 »	
Frais de bureau	646,30	
Frais de correspondance	1.679,05	
Frais d'envoi	1.104,05	77.717,45
Matériel	515,50	
Archives et abonnements	1.648,45	
Dépenses diverses d'administration	33,30	
Impression de cartes et timbres	10.100,80	
Frais de Congrès :		
Délégations internationales	9.902,20	
Cotisations internationales	3.000 »	
Congrès National : frais d'organisation	1.039,25	16.123,90
Congrès National : voyage des délégués	2.182,45	
Conseils Nationaux : frais d'organisation	»	
Conseils Nationaux : voyage des délégués	»	
Frais de propagande :		
Traitements des délégués	43.200 »	
Frais de voyage et de séjour	31.803,05	
Tracts, circulaires, affiches, journaux, etc.	7.431,40	
Subvention à Fédération des Jeunesses	361 »	96.632,15
Frais d'édition de brochures	3.117,20	
Organisation de manifestations	2.049 »	
Prêt au *Populaire*	8.670,50	
Dépenses diverses :		
Imprévues	1.158,65	
Retraites	4.800 »	19.373,75
Remboursement compte liquidation	13.100,90	
Pertes et profits	314,20	
Caisse de solidarité :		
Secours	635 »	635 »
TOTAL DES DÉPENSES	210.482,25	210.482,25

BILAN au 31 Décembre 1921

ACTIF					PASSIF		
Avoir disponible :					Dû sur exercice 1922	20.166 »	
Espèces en Caisse............	16.434,05				— Compte liquidation 1920	98.593,92	
Compte courant 259-33......	585 »				— Cotisations internationales 1921 ..	4.532,50	
Compte courant 190	1.986,02	31.171,97				123.292,42	
Petite Caisse..............	165,65				ACTIF RÉEL..........	47,127.6	
Dépôt de titres............	12.001,25						
Avoir sur Créances :					TOTAL................	170.420,02	
Par fédération sur cotis. ordin.	597,90						
— — suppl.	87.329,90						
— Oise sur avance	2.681,45						
— C.-du-N. sur av.	1.304,05						
— Seine sur avance	4.000 »	133.246.05					
Par Uhry sur avance 1917...	5.000 »						
Par Librairie..............	14.822,75						
Par Elus Parlement. sur Cotis.	16.700 »						
Par Elus Munic. sur Cotis...	810 »						
Mobilier et divers :							
Obligations *Humanité*.......	300 »						
Matériel	5.000 »	5.300 »					
Archives............. (*pour mémoire*)							
Caisse de Solidarité :							
1404 insignes..............	702 »	702 »					
TOTAL..............		170.420,02					

La Cotisation internationale est égale à 5 p. 100 des Cotisations, soit :

$$\frac{130.649,65 \times 6}{100} = 6532,50.$$

BILAN au 31 Décembre 1922

ACTIF			PASSIF	
Avoir disponible :			Dû sur Exercice 1923.............	13.991,30
En Caisse.................	12.040,65		— Compte liquidation 1920.........	98.593,92
Petite Caisse..............	176,10		— Cotisations internationales 1925..	4.532 »
Compte courant 190........	5.026,80	39.093.45	— Cotisations internationales 1922..	6.455 »
Compte courant 259-33......	9.848,65			
Dépôt titre Banque Coopé..	12.001,25			123.572,22
Avoir sur Créances :			Actif réel..........	44.130,93
Dû pr fédér. cotis. ordin. 1922.	685 »			
— cotis. suppl. 1921.	77.905,05			
— Propagande	850 »		Total...............	167.703,15
— Oise ..... 1921.	2.681,45			
— Côtes-du-Nord —	1.304,05	123.009.70		
Dû par Uhry........ 1919.	5.000 »			
— Groupe parlement.	16.400 »			
— Elus Municipaux ..	320 »			
— Librairie	17.864,15			
Mobilier et divers :				
Obligations Humanité	300 »			
Matériel.................	5.000 »	5.300 »		
Bibliothèque, Archives.. *(pour mémoire)*				
Caisse de Solidarité :				
Stock de 600 insignes.......	300 »	300 »		
Total...............		167.703,15		

Rapport de la Commission des Finances

Le Trésorier du Parti vous rend compte, dans son rapport, des résultats des exercices 1921 et 1922 par rapport aux évaluations budgétaires.

La Commission des finances s'en est naturellement inspirée pour présenter au Congrès le projet de budget de 1923.

Nous aurions voulu pouvoir réaliser cette année le principe des deux budgets ordinaire et extraordinaire qui avait été appliqué au début de l'unité socialiste. Il est en effet regrettable que les besoins administratifs et de propagande ordinaire du Parti se trouvent subordonnés à des ressources que l'on ne peut qualifier que d'extraordinaires quand elles sont fournies par les cotisations des élus. Celles-ci ne devraient servir qu'à des dépenses exceptionnelles nécessitées par les événements et à la constitution d'une caisse électorale importante qui éviterait, au moment des élections, un effort par trop lourd des adhérents du Parti.

Malheureusement, nous ne pouvons pas encore y songer, d'autant plus que le budget des dépenses ordinaires, très resserré cette année encore, n'a pu être établi avec cette modération que parce que nous ne comptons aucun frais de loyer, éclairage et chauffage.

Il faudra pourtant que le Parti songe à s'installer autrement qu'il ne l'est à l'heure actuelle, les conditions dans lesquelles travaillent nos camarades du bureau sont telles que seul leur dévouement peut les leur faire accepter, il ne faudrait pas en abuser indéfiniment.

Nos camarades du bureau ont fait un très gros effort de compression de dépenses en frais de bureau et correspondance, ce qui nous a permis de diminuer les prévisions de ce poste; mais il est évident que, dans l'avenir, nous aurons à compter sur des dépenses plus importantes aussi à ce chapitre.

Quoi qu'il en soit, le budget de 1923 se présente en équilibre; nous avons été modérés pour les recettes puisque nous n'avons calculé celles-ci qu'en prenant pour base le même nombre de cartes et de timbres placés l'année écoulée, nous espérons une augmentation sans la faire entrer en ligne de compte dans nos prévisions.

Les recettes ordinaires, cartes et timbres, sont prévues pour 143.000 francs, correspondant à 50.000 cartes et 370.000 timbres. Il a été placé en 1922, 49.174 cartes et 374.805 timbres.

Les dépenses ordinaires s'élèvent à:

Frais administratifs................	95.000
Congrès et Conseils nationaux......	28.500
Solidarité, retraites et imprévus....	7.030
	130.530

Il ne nous restera donc que 12.470 francs pour faire face aux frais de propagande que nous évaluons à 82.000 et il nous a fallu tenir compte de la cotisation des élus pour 63.700 francs, les recettes de vente du *Socialiste* et les intérêts du capital ne fournissant que 6.110 francs.

75.000 adhérents nous rapprocheraient rapidement du moment où toutes les dépenses ordinaires seraient couvertes par les recettes et cotisations des adhérents; à ce moment, il sera possible de constituer les réserves nécessaires pour les grandes démonstrations nationales et internationales.

Nous vous demandons d'accepter le budget tel que nous vous le présentons, avec la très faible prévision pour dépenses imprévues de 1.230 francs, constituant en réalité la balance des prévisions.

BUDGET PRÉVISIONNEL

POUR 1923

RECETTES

Cotisations des sociétaires :

50.000 cartes	25.000	»	
50.000 feuilles de cotisation..	25.000	»	
5.000 règlements	500	»	
370.000 timbres	92.500	»	
	143.000	»	143.000 »

Recettes extraordinaires :

52 élus parlementaires	62.400	»	
11 élus municipaux de Paris.	1.320	»	
	63.720	»	63.720 »

Vente de tracts, journaux, etc....   5.000 »   5.000 »

Intérêt des fonds placés....   1.010 »   1.010 »

             212.730 »

DÉPENSES

Dépenses ordinaires :

Frais d'administrat., personnel.	61.800	»
Frais du siège	1.000	»
Frais de bureau	1.000	»
Frais de correspondance	2.000	»
Frais d'envoi	1.500	»
Matériel	1.500	»
Archives et abonnements......	1.000	»
Dépenses diverses d'administrat.	200	»
Impression, cartes et timbres...	25.000	»
	95.000	»

95.000 »

Frais de Congrès :

Délégations internationales....	10.000	»
Cotisations internationales.....	5.000	»
Congrès national : organisation.	3.500	»
Congrès national : rembourse- boursem. de frais de délégués.	3.000	»
Conseil national : organisation..	1.000	»
Conseil national : remboursem. de frais aux délégués........	6.000	»
	28.500	»

28.500 »

Frais de propagande :

Traitement des délégués à la propagande	43.200	»
Frais de voy. et séjour des dits.	31.500	»
Fêtes, réunions de propagande et manifestations diverses...	2.000	»
Tracts, journaux, broch., etc.	5.000	»
Subvent. aux fédérations d'Alsace pour impress. en langue allemande du Règlement....	500	»
Solidarité et retraites........	5.800	»
Dépenses imprévues..........	1.230	»
	89.230	»

89.230 »

212.730 »

ANNEXE

Pensons à notre Journal

A quoi en sommes-nous ?

Le prochain Congrès du Parti va tenir ses assises à Lille, en février prochain, et son ordre du jour sera très chargé.

Parmi les nombreuses questions qui mériteront de retenir l'attention des délégués, il en est une dont je voudrais bien signaler, dès aujourd'hui, l'extrême importance : c'est celle du journal, de leur journal.

Il faut que les membres du Parti connaissent exactement l'état dans lequel se trouve le **Populaire** avant la tenue des Congrès départementaux et cela afin qu'ils puissent donner un mandat ferme à leurs délégués à ce sujet.

Grâce aux possibilités de vie et d'action que nous ont données nos camarades belges, la situation de l'organe central du Parti s'est sans cesse améliorée au cours de cette année.

Quand, en février, cédant aux instances de la quasi-unanimité des membres du Conseil d'administration et de direction du **Populaire**, j'ai pris en mains l'administration du journal, m'y consacrant entièrement, exclusivement, où en était-il ?

Une caisse vide, 50.000 francs à payer de suite, un déficit mensuel de près de 40.000 francs et une baisse accentuée de la vente.

Nous nous mîmes au travail. Au risque de nous aliéner des sympathies, voire même des amitiés, nous avons rogné des traitements, supprimé des postes, compressé les dépenses de la rédaction et de l'administration, congédié et remplacé des employés.

Besogne toujours désagréable et pour laquelle on n'est jamais félicité !

D'un autre côté, nous commençâmes une campagne méthodique et continue en faveur de l'abonnement.

Circulaires aux secrétaires de groupes, appels répétés dans le journal, lettres particulières aux militants qualifiés, campagnes de propagande avec le concours des délégués permanents, envoi de tracts, de bulletins d'abonnement; tout fut mis en œuvre, en complet accord avec le bureau du Parti et avec le concours personnel de son secrétaire général que le Congrès de la Pentecôte avait dûment mandaté à cet effet.

Aussi, le nombre des abonnés ayant augmenté et le chiffre de nos dépenses notablement diminué grâce aux économies réalisées, notre situation budgétaire s'est-elle sensiblement améliorée.

En voici les preuves, aussi convaincantes que péremptoires :

DÉFICIT

	ANNÉE 1921		ANNÉE 1922	
Janvier	»		39.695	77
Février	»		35.845	73
Mars	»		35.149	34
Avril	190.695	66	31.351	31
Mai	111.895	12	29.811	80
Juin	92.779	46	21.904	19
Juillet	93.372	78	24.245	03
Août	52.998	51	27.462	26
Septembre	46.665	92	17.836	01
Octobre	61.029	11	19.441	22
Novembre	36.409	27	»	
Décembre	38.255	48	»	
TOTAUX	724.101	31	282.742	66
Déficit moyen mensuel.	80.455	70	24.274	20

[Faisons remarquer que les frais de lancement sont compris dans les chiffres de 1921.]

Ainsi, de janvier à octobre, diminution de moitié. Mais une dépense supplémentaire mensuelle de 4.000 francs ayant été inscrite à notre budget pour la « **Page de la Femme et du Foyer** » — nos camarades femmes ont bien le droit, elles aussi, de posséder un coin du **Populaire** — notre déficit se trouve aujourd'hui quelque peu augmenté.

Du côté des abonnements, la courbe est aussi accentuée. Avec cette différence qu'au lieu d'être descendante elle est ascendante.

ABONNÉS

	ANNÉE 1921	ANNÉE 1922
Janvier	»	3.100
Février	»	3.464
Mars	»	3.698
Avril	700	3.947
Mai	1.183	3.748
Juin	1.720	3.787
Juillet	2.220	4.644
Août	2.224	5.671
Septembre	2.218	6.018
Octobre	2.376	6.340
Novembre	2.517	»
Décembre	2.744	»

Et aujourd'hui, en fin décembre, le nombre des abonnés atteint 6.800.

Quant à la vente totale (abonnés et vente au numéro), non seulement nous avons mis un arrêt à sa diminution qui devenait inquiétante, mais elle a augmenté, de fin décembre 1921 à fin octobre 1922, dans la proportion d'un tiers.

C'est dire que le budget et la trésorerie du **Populaire** se sont considérablement et favorablement modifiés.

Mais la tâche n'est pas terminée ! Elle est même loin d'être terminée !

Dans les conditions d'existence actuelle du **Populaire**, non seulement nous ne pouvons pas songer à mettre quotidiennement le journal à 6 pages, mais sa vie est encore loin d'être assurée.

L'effort que nous avons demandé au Parti n'a pas été complètement fait.

Si certaines fédérations ont rempli leur devoir, beaucoup trop d'autres l'ont oublié.

Le Congrès doit donc décider si le Parti doit poursuivre le relèvement complet du **Populaire** — en vue du succès certain, s'il trouve, de suite, les abonnés qui lui manquent — pour en faire le grand organe quotidien de la classe ouvrière politiquement organisée ou s'il doit abandonner cette idée et proclamer ainsi publiquement, par sa carence reconnue et avalisée, sa définitive impuissance. Et cela à un moment où l'avenir lui appartient.

S'il se prononce négativement, tout est réglé.

On fermera la porte.

Chacun ira tranquillement se reposer.

Et on laissera aux fédérations, sans organe central, le soin de créer leur petit journal pour faire leur petite politique départementale, sans se soucier de cette unité d'action, de propagande, de recrutement et d'éducation socialistes sans laquelle **il n'y a pas et il ne peut y avoir**, en France, de mouvement socialiste profond et sérieux.

Si oui, il faudra décider des moyens que l'on emploiera pour arriver au but poursuivi, c'est-à-dire doter notre Parti d'un organe sérieux, puissant, lui permettant d'avoir une influence sérieuse dans la politique nationale et internationale de notre pays.

Quels seront, quels peuvent être ces moyens ?

Ce que nous coûte la vente au numéro :
Le salut est dans l'abonnement

Avant de demander à nos camarades de bien vouloir examiner de quelle façon nous pouvons assurer définitivement la vie et le développement du **Populaire,** il nous semble utile de leur soumettre quelques chiffres intéressants.

Un journal politique propre n'a pas le choix dans la nature de ses ressources. Celles-ci sont de deux catégories : la vente et la publicité.

La vente se fait au numéro ou à l'abonnement.

Au numéro, les bénéfices sont infimes, quand il y en a.

Je ne parle pas ici, bien entendu, des grands quotidiens d'informations, de Paris ou de province, qui peuvent écouler, sur place, un nombre considérable d'exemplaires, mais des journaux appartenant à un parti et défendant sa politique — comme le nôtre.

Seul l'abonnement rapporte, ou tout au moins, grève au minimum le budget de l'organe.

Quant à la publicité, l'importance de son rendement est fonction même du chiffre de son tirage.

Un journal dont le nombre des lecteurs est si restreint qu'il se trouve dans l'impossibilité de compter sur eux pour s'assurer les rentrées nécessaires à l'équilibre de son budget ne pourra donc, en aucun cas, trouver des recettes en publicité fort élevées.

Ceci dit, voyons maintenant quelle est la situation du **Populaire** tant au point de vue de la vente au numéro qu'au point de vue des abonnements.

Tout d'abord, combien nous coûte un exemplaire du journal sortant des presses de notre imprimerie ?

Nos dépenses se divisent en trois catégories.

Premièrement, le papier ; deuxièmement, la composition et l'impression et, troisièmement, les frais qualifiés de généraux : loyer, chauffage, éclairage, téléphone, etc., plus les frais d'administration et de rédaction.

Tirant six fois par semaine, sur quatre pages et une fois sur six, l'exemplaire de notre journal nous revient, pour le papier, à **trois centimes deux;** pour la composition et l'impression (pointeur et correcteurs compris), à **quatre centimes** six, et, pour les frais généraux, ceux de l'administration et de la rédaction, à **cinq centimes deux.**

Un numéro du **Populaire** nous coûte donc, prêt à être expédié chez nos abonnés et chez les dépositaires chargés de la vente, **treize centimes** en chiffres ronds.

Il reste à ajouter à ces **treize centimes** les frais d'impression des bandes, du pliage et de l'affranchissement des abonnés, plus les frais de distribution, d'expédition et de retour des bouillons pour la vente à Paris et en province.

Signalons que ces dernières charges pèsent plus ou moins lourdement sur chaque numéro selon que la vente est plus ou moins élevée et que le bouillonnage, c'est-à-dire le nombre de journaux invendus, est plus ou moins considérable.

C'est ainsi que si la vente, **en province,** nous cause une perte sèche de **vingt centimes** par numéro vendu, et **à Paris** de **trente centimes,** les **abonnés,** tout au contraire, ne nous font perdre que **trois centimes et demi,** en partie couverts par notre publicité.

On voit par là que **seul l'abonnement** nous est d'une aide réelle et d'un secours efficace.

De là la campagne en faveur de ces 15.000 abonnés indiqués, à notre dernier congrès, comme étant le but à atteindre.

Au prix actuel du papier et en vertu des contrats passés, pour la composition, le tirage, l'expédition aux abonnés, et en tenant compte de nos frais généraux, d'administration et de rédaction présents, voici le budget mensuel d'un **Populaire** ne se vendant plus au numéro et possédant 15.000 abonnés :

Dépenses

Papier	14.445	»
Tirage et composition	20.700	»
Administration, rédaction, frais généraux.......	23.400	»
Expédition	17.400	»
Total des dépenses...............	75.945	»

Recettes

15.000 abonnés à 48 fr. par an, soit 4 fr. par mois.   60.000   »

Déficit   15.645   »

couverts par la publicité et les *Amis constants du « Populaire »*.

Nos camarades comprennent-ils maintenant pourquoi nous convions à l'abonnement et pourquoi nous n'avons cessé de réclamer, avec une insistance chaque jour accrue, les 15.000 abonnements que le Parti doit et peut nous procurer?

Comment les obtenir?

C'est là tout le problème !

Et si j'indique ici comment, à mon avis, il doit être solutionné, j'espère que, de leur côté, les membres du Parti s'attacheront à le résoudre, soit au sein de leurs groupes, soit au cours des congrès fédéraux où la question du **Populaire** doit être sérieusement examinée.

Il le faut, non seulement **pour l'honneur** de notre signature — car vous ne perdez pas de vue, n'est-ce pas, camarades, les 450.000 francs qui nous ont été prêtés par les amis du Parti Ouvrier Belge ? — mais aussi **dans l'intérêt** de la classe ouvrière et paysanne de notre pays que, seul, le socialisme pourra définitivement émanciper.

Le premier devoir d'un militant socialiste est de lire un journal socialiste

Le **Populaire** perd mensuellement 12.612 francs sur sa vente au numéro à Paris et 15.650 francs sur sa vente au numéro en province.

Seuls ses abonnés ne grèvent pas son budget et lui permettent de vivre.

Et encore, faudrait-il, pour le bien, qu'ils atteignissent un chiffre minimum de 15.000.

Telle est la vérité brutale, sans fard, qu'il est de notre devoir de mettre sous les yeux de ceux qui n'ont pas encore répondu à nos appels en faveur de l'abonnement.

Et au risque de passer pour un radoteur déplaisant, poursuivant avec un entêtement ridicule sa marotte préférée, je demanderai aux socialistes porteurs de la carte du Parti, à tous ceux que nous avons le droit de considérer comme les soldats authentiques, matriculés, de l'armée révolutionnaire, s'ils n'ont pas conscience de la faute impardonnable qu'ils commettent en ignorant le **Populaire ?**

Comment ! notre Parti compte cinquante mille membres et nous ne pourrions pas trouver quinze mille abonnés parmi eux?

Mais alors, que lisent donc nos camarades?

Quelle est la pâture intellectuelle qu'ils se donnent ou reçoivent quotidiennement?

Où vont-ils puiser les nouvelles politiques et les informations parlementaires dont tout électeur a besoin pour se faire une opinion et la manifester?

Comment s'instruisent-ils, s'éduquent-ils et augmentent-ils leur bagage socialiste?

Où peuvent-ils trouver les éléments de propagande dont ils ont besoin?

Avec quels arguments peuvent-ils faire aimer notre idéal?

De quelle façon peuvent-ils faire connaître nos doctrines, exposer nos théories?

Comment peuvent-ils recruter dans le monde du travail de notre pays, s'ils ne sont pas tenus au courant, par leur organe central, et au jour le jour, des événements économiques, politiques et sociaux qu'ils doivent expliquer, analyser et commenter à leurs camarades du bureau, du champ ou de l'atelier?

De quelle utilité peuvent-ils être pour leur Parti s'ils ne reçoivent même pas son journal : ce journal qui parle en leur nom, revendique en leur faveur et affirme leur ultime espérance?

Et dans l'état permanent d'ignorance socialiste où ils se trouvent, du fait qu'ils ne lisent pas le

Populaire, que peuvent-ils tenter de sérieux contre leurs ennemis, solidement retranchés derrière leurs privilèges de classe et disposant, chaque jour, de nombreux organes de défense et d'attaque capitalistes dont le feu ininterrompu est constamment ouvert sur eux?

Ce n'est pas 15.000 abonnés qu'il devrait y avoir d'inscrits sur nos fiches, mais autant d'abonnés que le Parti compte de membres.

L'obligation de l'abonnement pour tous les membres du Parti, alors, me dira-t-on?

Pourquoi pas?

Est-ce que le bout de carton et les feuillets dont il est accompagné suffisent pour inonder de lumière socialiste le nouvel adhérent ?

Est-ce que le fait de payer une cotisation mensuelle, souvent bien modeste, au trésorier du groupe auquel il appartient, permet à un homme de posséder cette force d'argumentation et cette puissance de persuasion sans laquelle un militant socialiste est sans autorité?

Ce qu'il nous faut, dans nos formations de combat, destinées à entraîner les foules, ce n'est pas tant que cela de la **quantité,** mais surtout de la **qualité.**

Ce qu'il nous faut, si nous voulons tenter de conquérir le pouvoir, ce n'est pas seulement un Parti de foule, recruté de bric et de broc, au hasard des circonstances, et dont nous chercherions à conserver et augmenter les effectifs en réduisant au minimum les obligations morales et les charges matérielles susceptibles de peser sur eux, mais un Parti de foi virile, de science socialiste ardente et d'action enthousiaste.

Ce qu'il nous faut si nous voulons vaincre, ce ne sont pas des encartés passifs, des unités sans volonté, paraissant une fois l'an au siège de leur section pour solder leurs cotisations — quand ils ne les payent pas par personnes interposées ! — mais des hommes laborieux, entreprenants, fougueusement épris de notre idéal, ayant une culture socialiste profonde, possédant des notions aussi exactes qu'étendues sur la politique nationale et internationale, leur permettant d'agir avec efficacité sur les masses dont ils sont entourés.

Que les électeurs socialistes ou sympathisants au socialisme n'achètent pas l'organe central du Parti, passe encore ! **Mais que les citoyens formant les cadres d'une organisation politique dont ils ne cessent d'affirmer le rôle révolutionnaire le délaissent, l'ignorent, dépasse toutes les bornes du compréhensible !**

Que l'on ne vienne pas parler ici de sacrifices imposés !

Lire un journal n'est pas un sacrifice.

C'est satisfaire un besoin, devenu, pour l'homme moderne, aussi impérieux que celui de l'alimentation.

Et puis, quel est le militant socialiste qui ne lit pas un journal ?

S'il en lit un, pourquoi ce journal ne serait-il pas celui du Parti auquel il s'est librement donné, auquel il appartient ?

Il n'est pas complet ?

Son format est trop petit ?

Ses rubriques ne sont pas assez étendues ?

Sa rédaction est imparfaite ?

Mais, malheureux ! c'est parce que vous ne le lisez pas, parce que vous le délaissez et portez vos gros sous à la presse ennemie qu'il lui est impossible d'être ce que vous voudriez qu'il fût !

Que l'on décide à Lille, au Congrès prochain, **que tout porteur de la carte du Parti doit obligatoirement lire le POPULAIRE** et vous verrez, camarades, quel superbe, admirable et splendide journal à six et huit pages la Section Française de l'Internationale Ouvrière possédera !

Compère-Morel.

TABLE DES MATIÈRES

Imp. *L'Union Typographique,* Villeneuve-St-Georges

www.ingramcontent.com/pod-product-compliance
Lightning Source LLC
LaVergne TN
LVHW021035050726
842519LV00003B/873